U1014153

本套丛书由
中社社会工作发展基金会
支持出版

优秀社会工作案例丛书

丛书主编　赵蓬奇　魏　爽
本书主编　刘　琰

社区矫正社会工作
案例评析

SHEQU JIAOZHENG SHEHUI GONGZUO
ANLIPINGXI

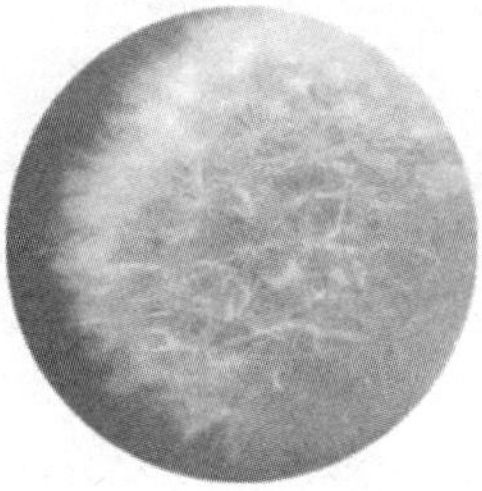

中国社会出版社
国家一级出版社·全国百佳图书出版单位

图书在版编目（CIP）数据

社区矫正社会工作案例评析 / 刘琰主编 . —北京：中国社会出版社，2016. 11

（优秀社会工作案例丛书）

ISBN 978 – 7 – 5087 – 5461 – 1

Ⅰ. ①社… Ⅱ. ①刘… Ⅲ. ①社区—监督改造—社会工作—案例—中国 Ⅳ. ①D926. 7

中国版本图书馆 CIP 数据核字（2016）第 248886 号

丛 书 名： 优秀社会工作案例丛书
丛书主编： 赵蓬奇 魏 爽
书 名： 社区矫正社会工作案例评析
主 编： 刘琰

出 版 人： 浦善新
终 审 人： 胡晓明
责任编辑： 杨 晖 张 杰 孙武斌 **责任校对：** 高文

出版发行： 中国社会出版社 **邮政编码：** 100032
通联方法： 北京市西城区二龙路甲 33 号
电 话： 编辑室：（010）58124853 58124815
销售部：（010）58124841 58124839
（010）58124842 58124852
网 址： www. shcbs. com. cn
shcbs. mca. gov. cn
经 销： 各地新华书店

中国社会出版社天猫旗舰店

印刷装订： 中国电影出版社印刷厂
开 本： 170mm × 240mm 1/16
印 张： 14. 5
字 数： 220 千字
版 次： 2017 年 1 月第 1 版
印 次： 2018 年 1 月第 2 次印刷
定 价： 32. 00 元

中国社会出版社微信公众号

《优秀社会工作案例丛书》
编委会

总 序

案例，是社会工作者用生命影响生命的文字记录，是受助者回归社会、找回自己的心路历程。十年来，我国广大的社会工作者在实践中借鉴发达国家和地区的先进经验，结合我国实际，在扶贫、济困、扶老、救孤以及城乡社区服务方面创造出了许多本土的社会工作方法，取得了较好的服务效果，同时也积累了丰富的本土经验。

截至目前，“全国优秀社会工作案例”评选活动已举办三届，共评选出优秀社会工作案例200多个。本套丛书的案例基本是从其中精选而来，这些案例鲜活、真实、实用、具体，涉及广泛的社会工作服务对象以及众多实务领域，从中也能看出我国社会工作实务领域的发展趋势，社会工作的春天已经来临。

矫正社会工作发展迅猛。当前我国的矫正社会工作主要集中在社区矫正领域，主要为司法体系规定的社区矫正对象和刑满释放人员提供专业服务。另外，随着相关禁毒戒毒法律法规的颁布实施，我国的戒毒工作开始向以社区为主导的康复模式转变，为社会工作介入社区戒毒领域提供了广阔的平台。目前，各地的戒毒社会工作者正在逐步尝试运用社会工作的专业理念、方法与技巧，为社区康复与戒毒人员提供专业的社会工作服务，使戒毒社会工作得以迅速发展。

医务社会工作专业化水平不断提高。在医务社会工作中，医务社会工作者与医生、社区工作者、患者家属及患者本人组成一个团队，他们相互配合，共同为处于康复期的疾病患者提供愈后服务与援助。由于医务社会工作者需要处理服务对象的身体疾病引发的心理问题及生活境遇引发的危机状况等一系列问题，任务艰巨且需要探索的领域难度较大，这些对社会工作者的职业胜任能力提出了极大的挑战，医务社会工作者的专业化水平也在实践中得以不断提升。

家庭社会工作需求缺口大。近年来，一大批专门为家庭提供服务的社会服务机构应运而生，从业人员多由专业社会工作者担任，针对性地开展了大量行之有效的工作。家庭社会工作案例涉及亲子冲突、家庭矛盾、青春期教育、外来媳妇、空巢老人、单亲家庭、再婚家庭、多重困境家庭、病患家庭、涉外送养等社会热点，服务范围已经突破了传统的工作领域，服务内容包括家庭关系咨询、婚姻辅导、教育方案制定、就业协助、经济补助、住所及食物提供等。随着家庭结构和家庭问题的多元化变迁，家庭社会工作的需求缺口会越来越大。

青少年社会工作始终是最受关注的领域之一。青少年社会工作案例涉及青少年心理健康、厌学、网瘾、婚恋、犯罪、社会参与等一系列问题，服务过程以多种理论为依据，分析问题，评估需求，继而开展针对性的服务。服务内容包含情绪管理、自我认知、同辈关系、潜能挖掘、能力提升、社会适应、资源链接等。我们欣喜地看到，广大青少年社会工作者不仅具备扎实的社会工作理论知识，精通实务技术，而且能够秉承社会工作的专业价值理念，在助人工作中给予青少年充分的尊重、接纳与理解，成为了青少年成长路上的知心人与引行者。

儿童社会工作服务对象的涵盖面较宽。儿童社会工作案例涉及困境儿童、残疾儿童、流动儿童、寄养儿童、留守儿童、失学儿童等，其中最引人注目的是农村留守儿童问题。从案例来源统计发现，我国当前的儿童社会工作主要针对的是城市中的困境儿童，对于广大农村中的留守儿童和失学儿童所提供的专业服务则少之又少，需要儿童社会工作者给予高度的关注。

老年服务需求持续升温。老年社会工作案例涉及失独、失智、失能、孤寡、空巢、“三无”等老人问题，相应的工作方法包括个案工作和小组工作，如老人与子女关系协调的个案、失独老人互助小组。其中，老年危机干预以及老年人生命教育等针对性强、难度较高的老年社会工作方法近年来在老年丧偶危机干预、老年临终关怀等方面得到越来越多的运用。可以预见，未来很长一段时期，随着我国养老政策的逐步完善，老年社会工作将在为老服务方面大有可为。

本套丛书坚持理论和实务相结合、专业化与本土化相结合的原则，充分展现了广大的一线社会工作者坚守“助人自助”的社会工作理念、恪守科学有效的社会工作方法，从而实现服务对象和社会工作者共同成长的工作过程。整理、分析这些具体案例，可以发现，现阶段社会工作实务操作过程中呈现出一些特征：

接案过程注重专业关系的建立，更有“人情味儿”。虽然丛书中的优秀案例所面对的服务对象不同，需要解决的问题也千差万别，但是有一点是共同的，那就是社会工作者都十分善于与服务对象建立专业关系，并在工作中形成了很多具有鲜明本土特色的方法。在这些优秀案例的背后可以看到无数优秀的社会工作者，他们用自己的聪明才智拓展着社会工作专业方法的外延。

预估过程有理论支撑，更加科学精细。在丛书的众多案例中，每一个案例都按照专业要求对服务对象的问题做了充分的预估，并且有2~3个理论作为预估的依据。总体来看，当前我国社会工作实务领域在预估阶段运用最多的理论是生态系统理论、需求层次理论和认知行为理论，这些理论为社会工作者科学地界定服务对象的问题提供了依据。

方案设计规范具体，操作性强。丛书所收录的优秀案例，无论个案工作的计划书，还是小组工作的方案设计，都充分体现了社会工作者的专业水平。仔细分析服务内容会发现，社会工作者在实际开展服务时，对于西方的一些经典社会工作操作理论与方法，既有继承，又有创新，加入了很多“中国元素”，很适合我国的实际情况。

介入方法的选择凸显“服务对象为本”的价值理念。从本套丛书所选取的案例来看，社会工作者对于介入方法的选择是慎重的，个案工作方法的运用明显高于小组工作方法和社区工作方法，凸显了“服务对象为本”的价值理念。

总之，社会工作是一种专业性、实务性很强的职业活动，特别强调实践和分享，期望本套丛书的出版能够为广大社会工作者提供启迪，提升专业技能；能够有效地扩大社会工作的影响力，提高社会工作在社会大众中的认可度。“十三五”时期是全面建成小康社会的决胜阶段，比任何时候都更加需要发挥社会工作的独特作用。随着我国在社会工作政策制度、行政管理、人才培养评价、人才激励保障、服务平台建设、服务开展、资金投入等制度方面的进一步完善，社会工作服务定会逐渐惠及全国各个地区、各个领域、各类人群，开启社会工作发展的新篇章。

无论你从事什么样的工作，无论你是不是社会工作者，在“助人自助”的旗帜下，让我们携起手来，互相配合，不分你我，给身边需要帮助的人带去一片温馨，送去一份关怀，愿我们都成为点燃烛光的人！

丛书主编

前 言

随着中国社会工作专业化、职业化的发展，社会工作实务在不同地区、不同领域迅速发展起来，矫正社会工作作为社会工作最重要的领域之一，受到社会各界越来越多的关注。尤其是2003年社区矫正工作试点以来，社区矫正作为一种非监禁的刑罚执行方式，在制度化、规范化和专业化等方面得到长足发展，也进一步促进了矫正社会工作的专业化、职业化水平的不断提升。

矫正社会工作，是指社会工作实施于司法矫正体系中，面向特殊的社会弱势群体提供的一种专业化的社会福利服务。根据社会工作介入司法矫正体系的领域不同，一般将矫正社会工作分为司法判决前的矫正社会工作、监禁处遇中的矫正社会工作以及社区中的矫正社会工作三种。矫正社会工作在我国起步较晚，当前工作主要集中在社区矫正领域，主要面向司法体系规定的社区矫正对象和刑满释放人员等。

在传统意义上，许多研究者和实践者将社区矫正视为一种单一的刑罚执行过程，通过该种刑罚执行改变社区服刑人员的认知与行为，但社区矫正工作的根本目标是帮助矫正对象顺利回归社会，恢复和发展其社会功能，这一点仅靠单一的社区矫正过程很难实现，而矫正社会工作恰恰弥补了这种不足。矫正社会工作聚焦于矫正对象各个层面的需求，从而有针对性地开展全面的专业服务，不仅从个人心理层面进行干预，也从矫正对象的家庭结构、社区层面、社会适应以及社会支持层面等进行全面介入，对帮助矫正对象恢复社会功能、顺利回归社会起到至关重要的作用。

本书从全国优秀社会工作获奖案例中选取了矫正社会工作领域的

十个获奖案例，这些案例涉及不同类别的矫正对象，采用不同的理论视角和工作方法。笔者凭借自己在矫正社会工作实务、教学与研究过程中积累的微薄经验，对这些案例所呈现出来的理论、方法和服务过程进行点评和分享。一方面，希望通过这个过程呈现出当前中国本土化的矫正社会工作实务的真实状态；另一方面，希望能为矫正社会工作领域的相关人员尤其是一线社会工作者提供有益经验和借鉴。

本书的写作仰赖于众多一线社会工作者提供的宝贵案例，每个服务案例都是他们用自己的专业精神和专业能力为服务对象不断付出的过程，在此向这些一线社会工作者表示感谢和敬意！感谢他们为社会工作发展作出的贡献！感谢他们无私地提供案例供社会工作从业人员学习借鉴使用！

本书严格遵守保守原则，案例中所用人物名称均为化名。同时，由于笔者本人在专业水平和专业视角上仍有不足和局限，本书的案例点评中难免存在问题和瑕疵，在此诚挚欢迎各位读者对书中存在的问题给予批评、指正。

本书主编

目　录

让家成为心的归依

——结构式家庭治疗在刑释解教人员帮教工作中的尝试

上海市新航社区服务总站虹口工作站　裴大凤

目前，刑释解教人员在我国虽然不属于正式的法律意义上的社区矫正工作对象，但由于接受过监禁刑罚，他们在身体上和心理上受到监禁生活的影响，往往在社会支持、社会适应和社会交往等方面存在一些问题，严重者甚至会形成“监狱人格”，以致很难与人相处。他们在刑释后，一方面很想参与社会正常生活；另一方面，会发现自己已经与社会严重脱节，很难融入社会。帮助刑释人员恢复信心，重建社会支持网络，顺利回归正常社会生活，是社区矫正社会工作的重要工作内容。

结构式家庭治疗模式是由美国的米纽钦与其同事在20世纪60年代所创立的。此模式认为，问题之所以持续存在，是因为家庭结构的异常即家庭结构对正在改变的环境或者发展要求不能适应的结果。因此，结构家庭治疗模式并不直接解决个人行为问题，而是致力于改变服务对象家庭的交往方式，主张由社会工作者加入家庭系统，协助家庭改变其结构，以改变各个家庭成员的行为及体验。

社会工作者尝试在帮教过程中运用家庭结构治疗的理论和方法，将服务对象的问题转化为人际交往或家庭系统的角度去看待，将治疗的焦点由个人转向整个家庭系统，将服务对象的家庭作为一个服务整体开展工作，协助其家庭探索更有效的家庭交往模式和共同解决问题的方式，发展家庭各子系统之间更适当的界限，最终帮助家庭为更好地应对生活作出适应性的改变。

一、背景介绍

（一）服务对象的基本情况

吴某某，男，1959年出生，初中文化，离异，2004年因猥亵儿童被判处有期徒刑1年6个月，2006年刑满释放。后因诈骗罪再次被判处有期徒刑1年6个月，并处罚金人民币2000元，2009年刑满释放。吴某某的家庭结构生态图如下：

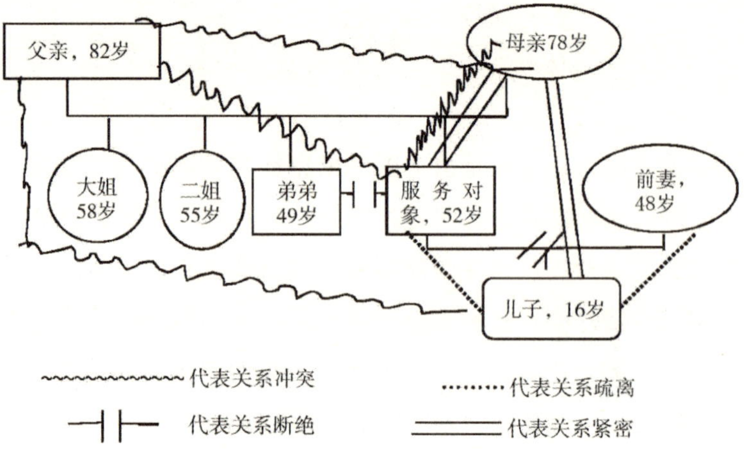

接案时家庭结构生态图

知识链接

家庭结构图

家庭结构图也称家庭关系图谱，是以图形来表示家庭成员之间关系的方法。家庭结构图可以直观地提供有关家庭历史、婚姻、伤病等重要家庭事件、家庭成员间的沟通和互动状况等重要信息，帮助社会工作者了解服务对象的家庭模式、服务对象在家庭中所处的位置以及家庭对服务对象的影响等。家庭结构图是结构家庭治疗中的重要工具，尤其是在预估阶段，通过家庭结构图能够迅速有效地呈现服务对象家庭的总体关系状况。

（二）背景资料

服务对象在兄妹中排行老三，还有两个姐姐，一个弟弟。因他从小体弱多病，曾患肾炎，其病情严重时医院几度开具病危通知书。直到十五六岁，父母还带着他四处求医，所以在成长的过程中，服务对象不仅有父母的呵护，而且姐弟对他也颇为照顾。

服务对象的身体状况好转后，被安置到其父亲所在的工厂工作。其间，姐弟都相继成家，另立门户。服务对象便一直和父母居住在一起。住房改革时，服务对象的父亲购买了一套两室一厅的房子，因为在同一个单位，使用了服务对象的购房资源。服务对象 33 岁时（1992 年）娶了一个外来妹，仍和父母住在一起，结婚第三年（1995 年）生了儿子小天，在小天将近 4 岁时，两人离婚。离婚时，考虑到女方系外来妹，在上海没有固定工作和住所，吴家没有要求女方担负任何抚养费用。

服务对象的儿子小天性格内向，初中时成绩不错，理化成绩较好，化学成绩多次得奖，还喜欢球类运动，多次参加体育比赛，但文科相对较弱，特别是英语。中考时因差两分，没有考入重点高中，上高中后，成绩下滑。小天和祖父有较大冲突。祖父常抱怨孙子不听话，学习不用功，还打扰他休息。小天和奶奶关系最好，奶奶因为给他零花钱经常受到爷爷责备，甚至还被收去了工资卡。即便这样，奶奶每天偷偷地从菜金里省 3 元钱作为其零花钱。服务对象的大姐偶尔会到小天的学校给他送些零食和零花钱。

服务对象经常为房子过户的事情以及儿子小天的抚养费问题与家人闹矛盾，为此民警和居民委员会也多次调解。服务对象的父母因无法继续和他生活，在奉贤区给服务对象买了一套一居室，但房产证上写有父亲和儿子的名字，服务对象要求将房产转到自己名下，为此用电话骚扰谩骂父母，招致家人的强烈反感。服务对象的父亲为此迁怒于小天，而处在青春期的孙子则公然与祖父对抗。祖父认为小天和其父亲一样不学好，不懂得报恩。服务对象的父母经济并不宽裕，服务对象没上班时，小天因享有低保而减免大部分学校的费用；上班后，由于低保取消，增加了学校费用的支出，所有这些经济负担大都由服务对象的父母承担。

服务对象愿意就业，能做到自食其力，不怕吃苦，可是常会因琐事与同事争吵，甚至发生肢体冲突，为此多次调换工作。服务对象目前的就业岗位是由街道就业安置基地提供的。

扩展阅读

刑释人员在刑释解教后的实际生活困难往往是他们刑释后首先要面对的问题，如何重新找到谋生的手段，如何让家庭和社区接纳自己，如何面对社会的排斥和边缘化问题，这些都会对刑释人员形成巨大的压力和挑战。同时，他们又缺乏足够的社会支持，在社会交往方面也会遇到一些挑战，既要阻断以前的不良社会关系，又要重新建立新的积极的社会关系。这些问题处理得好，他们便能很好地回归正常社会生活；处理不好，也很容易重新走上犯罪的道路。因此，矫正社会工作对刑释人员的专业介入和支持具有非常重要的意义。

二、分析预估

（一）初步评估

服务对象的问题或症状行为的产生和维持源于僵化、刻板的家庭互动模式。成长过程中的体弱多病，使服务对象一直受到父母和姐弟的特别照顾，独立自主能力得不到发展，自我分化不足、缺乏规则意识，逐步与家人形成纠缠性家庭的互动模式。具体表现在以下几方面：

1. 家庭界限不清晰，不能适应家庭成长周期的变化

亲子次系统、手足次系统存在跨代联结、纠葛、疏离等现象，

纠缠性家庭的互动方式已经不能适应这个家庭成长周期出现的新变化。虽然服务对象早已步入中年，但由于和家人之间长期代际界限不清晰，彼此过分卷入，使服务对象一直以来没有获得发展独立能力的机会，其子系统也未得到分化。因此，服务对象会将自己婚姻失败简单归结于父母所致，甚至为住房的过户、孩子抚养费用等问题与父母发生冲突。

2. 惯有的互动模式的僵化，家庭系统整体功能失调

当家庭在发展阶段面临更大的压力（如离婚、孩子上学所带来的经济压力等）时，家庭所呈现的表面或潜在的冲突，是因为家庭惯用的处理问题的方式缺乏弹性，由于不能作出适应性改变，服务对象成了带症状者，而家庭系统无形中强化了症状的持续并维持了功能失调的状态。服务对象自己婚姻解体后，一味归罪于父母，不良的情绪表达方式屡屡以过激的行为来表现，如以吵闹方式影响年迈的父母日常休息、以变卖家具报复父母等。后又为了住房产权证的过户问题，不和父母协商沟通，而是采取电话骚扰、谩骂等方式，导致家庭矛盾更为激化。

3. 解决冲突的行为方式缺失，家庭系统陷于问题困境

以家庭结构中僵化或模糊的界限，应对家庭问题的惯常风格，这些旧有模式通常失效却顽固不专。服务对象的家庭中，父母处理问题的偏好方式长期不一致，无论是在儿子的教育问题上，还是对待孙子的教育方式上都截然不同。由于父母未形成稳固的联盟，父母子系统的执行功能不足以解决家庭系统的冲突。父亲表面上看来具有权威，而母亲却是常以隐蔽的行为掩盖冲突。对待服务对象的问题，父亲的应对方式是暴跳如雷，而母亲是暗自流泪。如服务对象每次吵闹，父亲一味地责骂，母亲却是偷偷地给钱；服务对象在狱中时，母亲也是偷偷地前往探视，送钱送物。小天上学的零花钱，也是服务对象的母亲每天从买菜钱中扣除偷偷塞给小天。服务对象的大姐也卷入其中，和母亲组成联盟，对于服务对象父亲处理问题

的方式，她们表面顺从，暗地里对抗。因此，解决冲突的方式是结构干预过程的关键。

此外在评估家庭的过程中，社会工作者发现服务对象的儿子小天是家庭结构系统改变的动力所在。服务对象及其家庭成员都希望小天有一个美好的未来。如何更有利于小天的成长和发展是大家共同关注的话题，也将会是社会工作者开展工作的最好契机。

（二）问题的界定

（1）整个家庭对服务对象过度保护和帮助，阻止了其自主独立能力的发展，导致潜在的家庭结构问题。

（2）家庭成员互动模式僵化，形成家庭系统整体功能失调。

（3）家庭结构中僵化或模糊的界限，导致家庭成员缺乏应对应激问题的恰当方式。

知识链接

边　界

“边界”是结构家庭治疗中最重要的概念之一，家庭成员的边界主要是指家庭成员之间的心理界限，这个心理边界看不见、摸不着，所以常常被忽略。边界的存在决定了家庭次系统内成员之间、次系统成员与其他成员之间的角色、分工和权利义务的关系，同样保证了每个家庭成员可以作为一个独立的个体存在，每个个体都拥有自己独立的生活、思想、情感等。清晰的心理边界也意味着有能力区分内在现实与外在现实，有能力去独立面对自己的生活。“边界模糊”也是结构家庭治疗中经常要面对的问题。

三、服务计划

（一）服务目标

1. 总目标

从改变维持问题行为和症状的家庭结构入手，协助家庭探索更有效的家庭交往模式和共同解决问题的方式，最终帮助个体及其家庭作出适应性的改变。

2. 具体目标

（1）协助家庭改变其结构，以改变各个家庭成员的行为及体验，建立家庭支持系统。

（2）帮助服务对象增强解决问题的能力，习得与他人建立联系的技巧和方法。

（二）服务策略

1. 家庭层面

（1）改变家庭僵化的结构，促进家人间的有效沟通，协助服务对象与父母对以往的问题重新梳理，彼此重新接纳，改善服务对象与父母的关系。

（2）协助服务对象建立起有效的亲子系统，发展胜任父亲角色的能力，改变目前与儿子的疏离关系。

（3）促进手足间互动模式的改变，形成家庭支持系统，更好地应对生活应激问题。

2. 个人层面

将个人问题重新定义为从家庭习得不当的互动模式，协助服务对象学习如何与人建立链接，建立正常的人际交往。

3. 社会层面（资源整合方面）

寻求社区可利用资源，解决服务对象的生存问题、工作问题以及其他现实困难。

四、服务实施

1. 让家庭了解家庭关系问题是代际传递的，协助服务对象梳理问题、改变看法

家庭以往的关系系统的功能障碍会延续给下一代成员，社会工作者要协助服务对象及其家庭对以往的问题进行梳理，改变原先各自的看法，重新接纳对方。社会工作者在认真倾听服务对象的成长过程后十分肯定了其父母的付出，同情了父母由希望转为失望的无奈和不甘。社会工作者同时对服务对象的积极方面给予肯定的回应：如自幼年起不断与疾病作斗争，后虽有两次犯罪，但出狱后，并没有自暴自弃，而是积极找工作，力求自食其力，工作中经常加班加点，工作态度及表现都得到大家的认可。

社会工作者的表达让服务对象的母亲泪流满面，让愤愤不平的父亲沉默了。“50 多岁的他孤身在外加班加点工作，身后却没有任何支持，就算打个电话，您也是一顿骂，他的心中其实还是蛮苦的，我觉得他有时失控还是有因可循的。不知吴爷爷您如何看?”社会工作者的追问让服务对象的父亲陷入了沉思，脸上稍有动容，服务对象的母亲接话道：“我们都被他气糊涂了，你的提问，让我想到以往家人对他总是抱怨，没有站在他的角度想问题。”通过不断的交流和确认，服务对象的父亲也承认，对服务对象的问题，家庭也负有一定的责任。

另一方面，对于服务对象，社会工作者帮助他认识到父亲暴躁的

态度及父母焦虑的情绪背后隐含着对他的爱与期望，并传达了父母愿意和他坐下来谈谈的信息。社会工作者同时肯定了服务对象与社会工作者交流互动的语气和态度，希望服务对象在和父母交谈时态度能够一样。同时，社会工作者追问他："你的儿子和你对待你父亲一样对待你，你怎么想，你怎么做?"服务对象为此沉默许久。后来谈到儿子的抚养问题时，他说："我现在有工资了，可以给儿子一点生活费。"社会工作者对服务对象愿意担负父亲的责任给予肯定的回应。同时社会工作者身体力行，以换位思考、同理的方式与服务对象共同探索良好的互动模式。

2. 帮助服务对象在冲突中学会有效的沟通和交流，增强解决问题的能力

一次，服务对象要办理保险手续向家里索要户口簿，父子双方在电话里因一时冲动互相责骂。服务对象为此向社会工作者求助。社会工作者觉得选日不如撞日，借此机会，促成父子学会解决冲突的方法。社会工作者与父子见面时，先平复了双方激动的情绪，然后了解事情的原委。原来，父亲产生把房产过户给服务对象的想法后，征求服务对象大姐的意见，她认为目前时机不成熟，担心服务对象会变卖房产，挥霍完之后再来吵闹。父亲正为此矛盾时，不想服务对象打电话索要户口簿，由于担心儿子要户口簿的动机不良，一时着急也未问清事由，就不禁火冒三丈，加之服务对象也很恼火，父子俩你来我往，彼此互不忍让，言语冲突越发激化。

社会工作者引导父亲看到，服务对象所说属实，他担心的事情并没有发生，问他有何感想。服务对象父亲回答，一朝被蛇咬，十年怕井绳。社会工作者询问他，服务对象做过什么类似的事情让他如此紧张，服务对象父亲回答，这倒没有。恰在这时，服务对象进来，社会工作者让服务对象父亲和服务对象各自试着调整说话语气，改变一下沟通的方法。在社会工作者的引导下，父子就互动交流方式前后不同而带来的不同感受进行了探讨。

社会工作者引导服务对象告知其父他为何生气，生气的感受是什么，并与父亲探讨，希望对方怎样做，自己会觉得舒服。社会工作者还给出“房子过户后你的想法和打算”“房子过户需要什么材料和手续”“房子过户对我有什么影响”等问题让他们探讨，服务对象在探讨中也坦诚说到自己本想以争吵的方式引起家人的重视，让他们来关注自己，结果却适得其反。社会工作者接下来让父子关注自己情绪的变化，对自己身体的影响和对自己处理事情效果的影响，父子经过冷静的分析，都意识到彼此惯用的交流方式根本不能解决冲突和问题，他们表示愿意作些改变。

3. 建立契约，构建良好的行为互动模式

社会工作者要求服务对象与家人分享冲突解决的过程和感受，并建立契约，作为今后解决类似事件的范本，并承诺遇事要控制好情绪，做到审慎决策。社会工作者建议其父母学会放手，让服务对象承担应有的责任，在目前首先将小天的教育和监管责任交还给服务对象，社会工作者希望他们能够严格执行，并承诺各自先从改变自己开始。社会工作者也指出他们的改变是一个过程，并非一蹴而就，其间也会有反复，但是只要大家达成共识，并努力为之，坚持用正确的方式方法，一定会达成目标。

4. 重构家庭子系统的互动模式，有效发挥手足子系统的功能，构建家庭支持系统

社会工作者在服务中了解到，服务对象的大姐心地善良，平时较多承担了照顾父母的职责，由于大姐平常为父母解决了不少问题，因此父母对她较为信任，凡事也会征求她的意见。社会工作者肯定了大姐为整个家庭所作的努力和付出，并认为她是家庭系统中可利用的资源。社会工作者希望大姐以自己的影响力，协助服务对象发展自主能力，帮助服务对象及其家庭改善交往的能力。

社会工作者进一步引导大姐认识由于父母过度卷入服务对象成年后的生活，造成了服务对象个体次系统与父母及其他次系统之间关系

的纠葛，使得服务对象对家庭缺乏归属感，彼此互不信任。

5. 在协助服务对象处理应急事件中，帮助服务对象习得处理问题的方法和技巧，增强服务对象解决问题的能力

服务对象之前因为在工作中与同事和领导产生矛盾，不得不调换工作。被安置到新航驿站之后，需要社会工作者经常配合处理服务对象与同事间的矛盾和冲突。社会工作者经常帮助他梳理事情的整个过程，引导他尝试多角度地思考问题，学会控制自己的情绪，改变自己表达和沟通的方式。

6. 整合资源，为家庭成员提供多方位服务

为使服务对象的儿子小天的转变更好成为家庭系统改变的动力，社会工作者除了依靠社区资源解决服务对象自身的生存、工作等实际困难外，还根据小天的现状为其申领助学金，招募志愿者为其学业进行辅导，并让其参加团队活动，让他在人际互动中，尝试接纳自己的父亲，学会面对现实，树立通过自己的努力让自己生活得更好的信心。

五、总结评估

1. 评估方法

本案对服务对象问题或症状行为的评估采用绘制家庭图的方式。家庭图作为结构性图表，是一种简化的工具。结构式家庭图聚焦家庭面前的结构，用一些专业的图示符号呈现家庭界限的程度（清晰、模糊和僵化）、次系统运作及家庭互动方式等，协助社会工作者整理所收集的各种资料，也有助于社会工作者发现家庭中功能不良的地方，进而帮助社会工作者确定治疗目标。需要指出的是，结构式评估方法是一个不断求证或修正初步评估假设的过程，通过干预过程中治疗家庭的反应和反馈，不断检验社会工作者评估诊断的结果。

2. 评估内容

从家庭图所显示结构入手，评估成员彼此之间的关系，如联盟、亲近、表面的和潜在的冲突，以此了解家庭复杂的互动模式，尤其是通过评估发现维持家庭问题的特定子系统。服务后期家庭关系图如下：

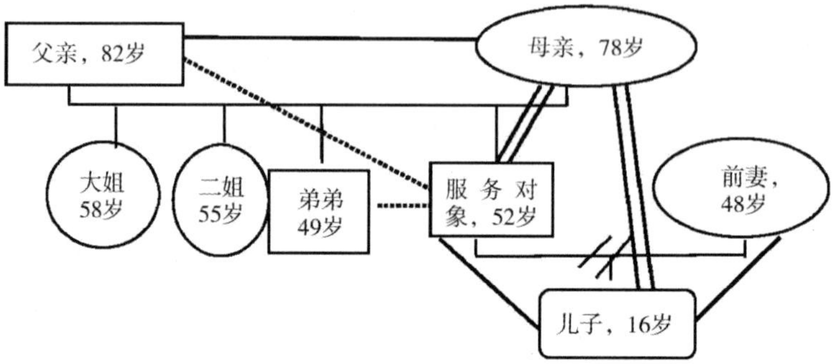

结案时家庭结构生态图

3. 目标达成情况和结案处理

随着服务家庭结构系统的重组，家庭互动模式的改善，整个家庭结构及其功能得以改善。家庭成员对服务对象有了新的认识，家人的重新接纳促使服务对象自我反省和自我成长，并开始承担为人子、为人父的责任，他的逐步改变也赢得了家人的信任。

个案初定的评估目标已实现，即社会工作者从改变维持问题行为和症状的家庭结构入手，协助家庭探索更有效的家庭交往模式和共同解决问题的方式，最终帮助服务对象及其家庭作出适应性的改变。就服务对象的满意度调查情况来看，服务对象和家庭已初步获得解决应对问题的能力。

由于社会工作者对服务对象的服务期都有硬性时间规定，所以该案例的结案是属于阶段性结案，社会工作者只是结束了对家庭系统开展系统的工作，对服务对象而言，社会工作者还将按照工作规定开展日常帮教工作。

在结案时，社会工作者与服务对象及其家庭回顾干预过程，帮助家庭成员看到共同努力的成果，鼓励他们将学到的更有效的家庭交往模式和共同解决问题的方式应用到日后生活中，增强对未来生活的信心。

六、专业反思

家庭结构治疗是一种专业性很强的工作方法，要求社会工作者在评估介入家庭系统的过程中，与家庭成员一起探索过往经历对现在生活的影响，拓展家庭对问题的建构，探讨维持症状的家庭互动模式及相关改变方式，最终以家庭系统的重构及其关系的改变实现消除症状的目的。

社会工作者作为一名“家庭系统之外的人”，要介入服务对象的家庭，必须具备扎实的理论基础和实务能力，既要应对“家丑不可外扬”的中国传统文化的挑战，还要尊重介入家庭自身文化，顺从介入家庭的等级层次，只有准确把握社会工作者在介入家庭系统中的定位，找准介入点，回应所有家庭成员的需求才能事半功倍，达成服务目标。

希望通过社会工作者在实务工作中的不断探索和总结，探索结构式家庭治疗方式在社会工作者帮教服务领域中的创新模式，推动结构式家庭治疗在中国本土社会工作专业服务领域的研究和实践。

案例点评

本案例以刑释解教人员吴某某为服务对象，面向吴某某刑释后面临的一系列问题，尤其是家庭关系和互动模式的问题，采用结构家庭治疗的方法对服务对象进行个案介入。吴某某两次被判有期徒刑，本人已经离异，且自己有一个孩子需要抚养，自身面临很多问题和巨大压力。社会工作者从结构家庭治疗的视角入手，发现其家庭结构的问题，尤其是原生家庭结构中的问题。社会工作者在预估过程中发现吴某某的原生家庭结构边界不清晰、互动模式僵化、家庭功能失调，且缺乏有效的解决冲突的方式，而这些问题也是吴某某自身很多问题的根源。结构家庭治疗中的一个重要理念是个人的问题是由其家庭结构导致的。因此，社会工作者从其家庭结构入手展开服务，通过多次家庭会谈，着重解决其家庭子系统的互动模式的问题。

在服务的分析预估阶段，社会工作者通过家庭结构图来呈现吴某某的家庭结构，对家庭结构图的应用比较专业，客观地呈现了服务对象完整的家庭结构。然后，通过背景资料有效地补充了服务对象的基本家庭情况，服务对象成长过程中的体弱多病，使服务对象一直受到父母和姐弟的特别眷顾，独立自主能力得不到发展，自我分化不足、缺乏规则意识，逐步与家人形成纠缠性家庭的互动模式。虽然服务对象早已步入中年，但由于和家人之间长期边界不清晰，彼此过分卷入使服务对象一直以来没有获得发展独立能力的机会。矫正社会工作者在此阶段对问题的预估和界定比较准确，找到了要解决服务对象家庭结构问题的点在哪里，这也为社会工作者进一步展开系统的家庭治疗打下良好的基础。但在该阶段的预估中，对一些问题的归类过于注重细节的描述和表面问题的分析，如能进一步提炼和总结，会更加清晰。比如在问题界定过程中，如能对具体是哪类病态家庭结构进行分析，具体将服务对象的家庭结构与相关概念结合起来进行分析，会更加有针对性和说服力。另外，在问题的预估过程中，如能将服务对象的原生家庭和自身家庭的内部结构，或者对家庭内的不同子系统分开进行分析和问题归类，可能会有更好的预估效果。最后，预估过程中如能对服务对象自身的身心状况、生活环境（比如社区、工作环境）以及社会支持网络的情况进行全面分析，可能会对服务对象的情况有更全面的呈现。

在服务计划阶段，社会工作者将目标分成了总目标和具体目标，比较具有可操作性，但在具体目标的制定上，稍微有些宽泛，具体目标应该是非常具有可操作性的目标，而且最好能呈现出不同的、具体的目标层次性，这是需要进一步提升的地方。另外，在制订目标阶段需要注意的一点是，服务目标的制订一定要在对服务对象问题充分预估的基础上和服务对象进行全面沟通，确定下来的目标一定要有服务对象参与制订，并充分认可的，这样的目标在接下来的服务开展过程中才会有效调动服务对象的动力。

在具体的服务开展阶段，社会工作者的思路很清晰，首先梳理了以往的家庭互动中存在的问题，并尝试用同理心的技巧进行共情，这不仅能有效地维护服务对象家庭的关系，而且也是探索家庭问题的一个重要技巧。在进一步的沟通中，社会工作者通过启发式的提问，引导家庭成员用全新的视角去看待问题，通过这个环节让家庭成员之间看到除了原来那种偏激的观点和互动方式还有一些新的角度，其父母除了对儿子的怨恨和气愤外，也看到了儿子刑释之后的努力和其生活的不易。这种新的沟通视角和方式让家庭成员之间都有所触动，这种触动一定程度上动摇了原有的不良互动方式。社会工作者采用面质的技术，使服务对象对待父母的态度提出挑战，启发其能换位思考，以同理的方式去体会父母的感受，并去理解自己心态的焦虑和不满的态度背后的爱与期望。当服务对象态度有所转变之后，社会工作者及时地给予了肯定和鼓励。社会工作者在这些细节的处理上把握得很到位，通过这种互动，为接下来进一步地探索新的互动模式打下基础。社会工作者做得非常好的一点是，在面对服务对象因为办理手续向家里索要户口簿和父亲互相责骂陷入僵局时，能很好地把握住这个机会，借助这个矛盾的过程，现场演示并介入。帮助服务对象家庭成员之间体验并学习处理矛盾的方法，循序渐进地让家庭成员之间感受如何面对自己的情绪和需要，如何合理地表达自己。通过这个过程让服务对象很好地反思自己家庭的原有沟通方式，并体会不同沟通方式所带来的不同的效果，进一步地为改变服务对象的家庭关系结构打下基础。

在重构家庭子系统互动模式阶段，社会工作者把握住了几个关键的子系统，比如，手足（姐弟）子系统，亲子子系统，并让家庭成员意识到其他子系统对服务对象的过度卷入导致了服务对象与其他家庭成员之间关系纠葛，并进一步阻碍了服务对象自身的发展。通过这个过程，厘清各个子系统之间的关系，逐步改变服务对象的家庭结构。该阶段是服务实施的关键阶段，在具体的服务中把握得比较到位，取得了良好的效果。

但在以下几个方面，仍有进一步完善的空间。首先，在介入服务对象的家庭结构过程中，增强不同阶段介入的计划性和逻辑联系。介入并改变服务对象的家庭结构是一个循序渐进的过程，如能按照计划，逐渐深入并改变其互动模式，并进一步改善家庭结构，服务对象家庭的改变会更加稳定。其次，在重构家庭子系统功能阶段，只提到了大姐的角色，并让大姐意识到一些家庭结构问题，仅从这一个角度介入，很难全面改善家庭的子系统互动模式，要想真正改变子系统互动模式，还需要更多家庭成员的参与，而且需要更长时间的家庭治疗介入。最后，在整合资源、提供全方位服务方面，相对单薄，如能更加全面地调动资源，帮助其建立稳定的社会支持网络，可能会有更好的效果。

在评估阶段，用家庭结构图进行结果评估，比较直观、形象，也比较好地展现了结构家庭治疗的成果。但就整个案例的评估而言，如能增加过程评估，评估整个介入过程中的方法、进度、阶段性目标的实现程度等，会让评估过程更加完整。在结果评估中，只用家庭结构图也略显单薄，如能增加一些量化的指标，或者更加有针对性地就家庭子系统互动模式、服务对象个人的改变等方面开展评估，会让评估更加完整。

总体来说，通过结构家庭治疗介入刑释人员的家庭结构，通过改变不良家庭结构来帮助服务对象更好地融入家庭生活和社会生活，本案例是一个很好的尝试。虽然由于服务机构的服务期有时间规定，本案例是阶段性结案，但整个服务过程，有效地改善了服务对象家庭子系统的互动模式，让其家庭结构得到有效的改变，家庭成员对服务对象有了新的认识，家人的重新接纳促使服务对象的自我反省和自我成长。而且，这也为其他矫正社会工作者提供了很好的示范和启发，即使在矫正社会工作介入过程中没有使用结构家庭治疗的方法，但关注其家庭结构和家庭的作用，也会对矫正社会工作有非常重要的意义。

走出阴霾　重拾希望

——刑满释放人员社会适应个案分享

四川省成都市温江区民政局、温江区社会工作协会

对多次入狱的矫正服务对象而言，自身面临着很多问题，尤其是对于自身带有残疾的矫正服务对象，出狱后面临着住房、生活来源等诸多现实问题。同时这类群体也很容易被标签化，被贴上“坏人”的标签，会受到严重的社会排斥，往往也会失去家人、朋友的支持。缺少支持的他们心理上也会因为各种压力而自卑、孤独，把自己孤立起来，甚至会心生怨恨，产生报复社会的心理。面对这样的服务对象，社会工作者需充分发挥社会工作的助人精神，用专业的服务方式帮其走出阴霾，重拾希望。

一、背景介绍

（一）基本资料

（1）姓名：洪哥（化名）。

（2）性别：男。

（3）年龄：33 岁。

（二）背景资料

1. 个案来源

服务对象因打架、抢劫、故意伤人等原因先后 3 次入狱，出狱后经常在成都市流浪，采用坑蒙拐骗等一些不正当方式获取收入，为纠正服务对象不健康的生活方式、错误的思想意识，帮助其恢复正常生活，社区将服务对象转介给社会工作者。

2. 成长环境及经历

服务对象 10 岁时，父亲去世，母亲因精神问题离家出走，自幼随伯父生活，与其他亲人很少来往，生活条件非常艰苦，小学毕业就辍学在家，15 岁外出打工，结识了一些不良朋友，多次参与违法事件。

3. 情绪状况

服务对象性格自卑、孤独、偏激。出狱后，发现周围邻居都分得了安置房，拿到了土地租金，自己却因为犯罪服刑而没有得到相应的物质补助，感到“不公平”，对社区居民、社区、政府、社会都产生了抱怨、愤恨的情绪。

4. 精神病记录

无精神病史。

5. 健康状况

服务对象在监狱劳动改造的过程中不慎被重物砸伤下肢，造成下肢残疾，不能行走。

6. 生活状况

因身体残疾，生活不能自理，没有得到安置房以及土地租金。目前，服务对象住在临时棚内，居无定所，没有生活来源，生活条件、经济状况十分恶劣。

7. 犯罪记录

因打架、抢劫、伤人等原因先后3次入狱。

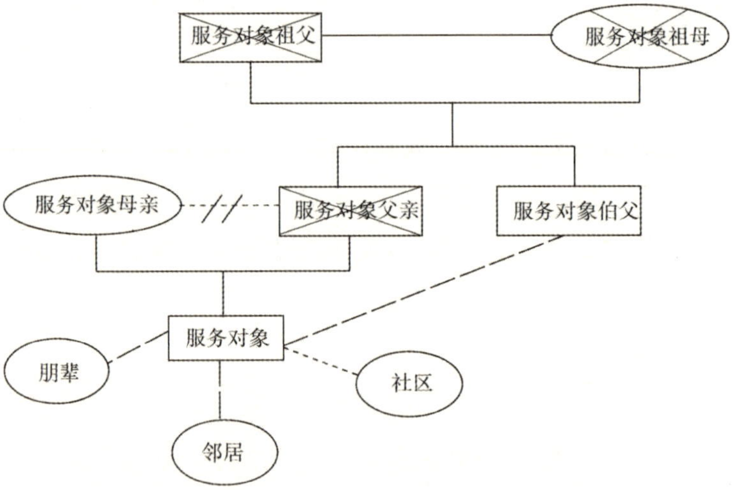

接案时生态图

8. 支援网络

（1）家庭支持系统。服务对象未婚，自幼父亲去世，母亲因精神问题离家出走后不知去向，随伯父生活，但与伯父关系一般，与其他亲人基本上没有来往。

（2）社会支持系统。主要是指除家庭支持系统之外的支持系统，如同事、朋友、社区等方面。经了解，服务对象20～30岁都在监狱度过，朋友、邻居、社区都排斥服务对象，不与其交往。

二、分析预估

（一）理论依据

1. 危机介入理论

根据危机介入理论，危机指一个人的正常生活受到意外危险事件的破坏而产生的身心混乱的状态，可分为成长危机和情景危机。危机介入的目的是在有限的时间内快速、有效地帮助服务对象摆脱危机的影响。

2. 心理社会治疗模式

该模式认为人生活在特定的社会环境中，生理、心理和社会三个层面的因素相互作用，一起推动个人的成长和发展。强调服务对象的问题与服务对象感受到的来自过去、现在以及问题处理三个方面的压力有关，人际沟通是保证人与人之间进行有效沟通交流的基础，是形成健康人格的重要条件。

3. 理性情绪疗法

理性情绪疗法认为人的情绪和行为障碍不是由于某一激发事件直接所引起的，而是由于经受这一事件的个体对事件不正确的认知和评价所引起的信念，最后导致在特定情景下的情绪和行为后果。

（二）服务对象存在的问题

1. 生存困难

服务对象身体残疾，缺乏劳动能力和自理能力，没有工作、住所和经济来源，面临生存危机。

2. 心理问题突出

恶劣的生长环境，亲情的缺失以及多次犯罪入狱的生活经历，造成服务对象性格自卑、孤独、偏激，不愿意与其他人进行沟通，认为世界是不公平的，内心充满敌意的，甚至有一种报复社会、仇视社会的心理。社会工作者可借助心理社会治疗模式研究、诊断和治疗服务对象的心理问题。

扩展阅读

矫正服务对象的心理问题往往是其行为问题的根源，因此在矫正过程中对其心理问题的矫正也是最重要的工作内容。而矫正对象的心理问题又往往与其成长经历有关，精神分析理论认为，童年时期的生活经历尤其是家庭生活经历对矫正对象的人格结构和性格特点影响非常大，从小缺乏父母关爱的孩子成年后产生心理问题的概率很高。本案例中的服务对象就是一个典型，幼年丧父，母亲出走，从小失去父母关爱，导致其自卑、孤独、偏激，加上服刑期间因事故导致下肢残疾，更加重了其心理上的压力。

3. 社会交往出现障碍

服务对象因其犯罪记录，使得社区居民对其贴上“不良”标签，不愿与其交往，服务对象害怕被人指点、议论，也不与他人交往。社会工作者在跟进服务对象时可借助理性情绪治疗模式，修正服务对象及社区居民的非理性信念，帮助社区居民消除对服务对象的惧怕、抗拒心理，帮助服务对象融入社区，被社区居民接纳，恢复正常的社会交往。

知识链接

标签理论

标签理论（Labeling theory）是以社会学家莱默特（Edwin M. lement）和贝克尔（Howard Becker）的理论为基础而形成的一种社会工作理论。这种理论认为每一个人都有“初级越轨”，但只有被贴上“标签”的初级越轨者才有可能走上“越轨生涯”。一个人被贴上“标签”，是与周围环境中的社会成员对他及其行为的定义过程或标定过程密切相关的。比如，矫正对象经常会被周围的人认为是“坏人”，而被标签化以后，“坏人”这个标签就成为周围人对他的偏见，而带有这个标签的人在这样的环境下也会逐渐认同“坏人”这个标签，进而进一步地按照“坏人”的标准去要求自己，做出更多的越轨行为来迎合“坏人”这个标签。因此，社会工作的一个重要任务就是要通过一种重新定义或标定的过程来使那些原来被认为是有问题的人恢复为“正常人”。

4. 社会适应困难

服务对象在监狱服刑多年，出狱后生活情境的突然改变，社会关系的瓦解，加之其下肢残疾，生活不能自理，使其在社会适应上存在问题。社会工作者在跟进服务对象时，需要帮助服务对象熟悉并正确认识新的社区环境，使其逐步接受并适应新的生活环境。

5. 身体健康状况

肢体残疾，生活不能自理。

三、服务计划

（一）服务目标

1. 满足生存需求

争取相关的政策支持，协助服务对象解决居住问题和生活来源问题，熟悉新的生活环境。

2. 解决心理问题

为服务对象提供情绪宣泄机会，探讨、学习情绪管理的方法和技巧，增强服务对象调节、控制情绪的能力。

3. 修正非理性信念

修正服务对象和社区群众不正确的认知和信念，协助服务对象和社区群众学会理性的生活方式。

4. 恢复社会交往

增强社区及社会对服务对象的认同和接纳，协助服务对象恢复社会交往。

5. 融入社区

为服务对象提供支持，协助其恢复自信心，积极地融入社区。

（二）服务策略及程序

1. 接案

通过访问、观察、分析和面谈等方式收集、整理服务对象生理、心理、社会、家庭、社区、朋辈等资料。

2. 预估

运用心理社会治理模式，从生理、心理、社会 3 个层面及服务对象过去、现在和问题处理3个方面的压力，分析、预估服务对象存在的问题及问题的成因和发展变化过程。

3. 建立信任关系

以服务对象感兴趣的话题为突破口，展开谈话，访谈的过程中灵活运用尊重、接纳、非批判、服务对象自决等技巧，让服务对象感受到真诚和关爱，逐步建立信任关系。

4. 制订计划

在分析预估和良好信任关系的基础上，与服务对象共同分析、探讨其存在的问题，积极鼓励服务对象与社会工作者一起制订改变的目标和计划。

5. 实施计划

灵活、适当地运用危机介入模式及时有效地解决服务对象的生存危机；运用社会心理治疗模式为服务对象提供情绪宣泄机会，舒缓负面情绪，学习、探讨情绪管理的方法和技巧；运用理性情绪治疗模式，鼓励服务对象勇敢地去“标签”，修正非理性信念和消极的认知；通过社区宣传活动和志愿者活动，纠正社区居民对服务对象存在的错误认知，消除歧视，同时，鼓励服务对象走出封闭的空间，积极地融入社区。

6. 评估与结案

从服务过程、服务成效、目标达成情况等方面对服务进行全面总结和评估。根据服务达成情况准备结案，处理好离别情绪。

四、实施过程

（一）第一阶段：收集资料，分析预估

社会工作者通过向司法局、救助站、社区及社区居民了解情况，

观察、分析服务对象与周围环境之间的互动状况等途径收集、整理服务对象生理、心理、家庭、成长、健康及犯罪等信息，了解服务对象与周围环境的具体交往方式和过程。结合心理社会治疗模式的理论假设和依据，通过对服务对象的人格的各个部分之间的相互关系进行评估，对服务对象困扰产生、变化的过程进行分析，对服务对象问题的生理、心理和社会3个方面的影响因素作出判断，准确、系统、全面、深入地分析、预估服务对象的需求和问题。

（二）第二阶段：建立关系，维护信任

相关链接

在社会工作个案服务中，建立良好的专业关系是最重要的，好的关系是治疗的一半，只有建立起充分信任的合作关系，才能在接下来的专业服务中很好地贯彻服务计划。在矫正社会工作实务中，社会工作者和服务对象比较理想的专业关系状况是合作式的工作联盟关系，社会工作者和服务对象合作，共同应对其困难和问题。但由于矫正对象的特殊性，在矫正社会工作实务中建立专业关系往往很困难，需要社会工作者更多的关心、接纳和陪伴。在矫正初期，社会工作者的角色经常会被矫正服务对象认为是司法机关的工作人员，不愿意敞开心扉和社会工作者合作，这就需要社会工作者更好地发挥专业精神，以完全平等的心态去接触服务对象。

在初步面谈中，通过介绍保密原则，澄清服务的目的，解释双方的角色，鼓励、帮助服务对象进入受助者的角色。服务对象的成长和生活经历造成了他自卑、孤僻、暴躁的性格，因此社会工作者从服务对象的特殊性出发，拟定访谈提纲，灵活运用平等、尊重、同理、接纳、不批判等技巧，以服务对象感兴趣的话题（拆迁房安置政策、肢

体康复等）为突破口，艺术性、技巧性地提问，引导谈话，积极聆听，及时反馈，表达关注和关心，为服务对象创造和谐、信任、舒适的服务环境，使其感受到真诚和关爱，从而建立并维护良好的信任关系。

（三）第三阶段：制订计划，签订协议

运用鼓励、支持、自我披露等技巧，引导服务对象与社会工作者一起制订服务的实施计划，主要包括社会工作者与服务对象共同讨论服务对象的基本情况，界定服务对象希望解决的问题，分析问题产生的原因及解决问题的办法，确定服务计划目标，商讨服务开展的基本阶段和采取的主要方法以及每一阶段的时间安排和总的时间期限。并与服务对象签订口头的服务协议，明确双方的角色、责任和义务，增强服务对象作出改变的动力。

（四）第四阶段：开展服务、满足需求

1. 危机介入，解决生存问题

服务对象下肢残疾并出狱不久，没有劳动能力和生活自理能力，缺乏住房和经济来源，面临严重的生存危机，社会工作者运用危机介入模式，以解决服务对象的生存危机为中心，及时与政府、社区沟通、交流，集中精力帮助服务对象争取拆迁安置房和土地租金，不断地给服务对象输入新的希望，激励服务对象寻求改变的愿望，鼓励、引导服务对象通过正确的途径实现自己的权利，陪伴服务对象争取自己的利益，从而减少生存危机给服务对象带来的伤害和负面影响，解决生存问题，巩固信任关系。

2. 宣泄情绪，解决心理问题

运用接纳、同感等方式减轻服务对象的紧张，给予服务对象必要的肯定和认可，进一步维护良好的信任关系。运用探索—描述—宣泄等非反思性直接治疗技巧，让服务对象解释和描述自己困扰产生的原

因和发展过程，为服务对象提供必要的情绪宣泄机会，以减轻服务对象内心的矛盾和冲突，调整服务对象的不正确行为。运用社会心理治疗模式中的反思性直接治疗技巧，与服务对象沟通和交流，引导服务对象正确分析、理解情绪管理的方法和技巧，并鼓励其运用，使其学会如何合理地宣泄负面情绪，增强调节、控制情绪的能力。

3. 修正信念，纠正认知偏差

借助理性情绪治疗模式，通过反映感受和角色扮演，让服务对象具体描述自己的情绪、行为及各种感受，扮演社区的积极分子的角色，体会扮演情景中的情绪和行为，引导服务对象识别出自己存在的非理性信念，动摇非理性信念的基础，鼓励服务对象放弃错误的自我评价，逐步消除非理性信念对服务对象的影响，并通过社会工作者示范具体行为和自我披露，让服务对象理解和掌握理性的行为方式。

4. 认同接纳，恢复社会交往

通过在社区开展家访、宣传活动和志愿者活动，向社会大众清晰简洁地介绍理性情绪治疗模式的基本原理，普及刑满释放人员、残疾人士社会适应的相关知识，呼吁社区居民理解、接纳、帮助、关爱刑满释放人员和残疾人士，修正社区居民对服务对象产生的非理性看法，协助社区群众学会理性的生活方式，减少社区居民对服务对象的歧视和过度标签化，逐步接纳服务对象，从而帮助服务对象获得社区支持，恢复社会交往。

5. 增强自信，积极融入社区

从服务对象的特殊性出发，鼓励服务对象走出“家门”，陪同服务对象到社区散步、做活动、购物，使其大胆地融入社区，同时，鼓励服务对象积极参与社区社会工作室的康复训练，并担任康复室的管理员，加强服务对象与社区居民之间的沟通和交流，提升其自信心。

（五）第五阶段：适时结案、巩固效果

社会工作者对服务效果、服务过程进行评估，根据服务目标达成

情况，与服务对象和督导商讨后决定结案。社会工作者与服务对象共同回顾整个服务过程，对服务对象的改变给予肯定和支持，巩固服务成效。同时说明准备结案的时间，鼓励服务对象表达结案时的情绪，与服务对象一起探讨结案后的跟进服务，避免服务效果出现反复的情况。

五、总结评估

社会工作者主要是运用面谈法、观察法对整个服务过程及服务成效进行评估。

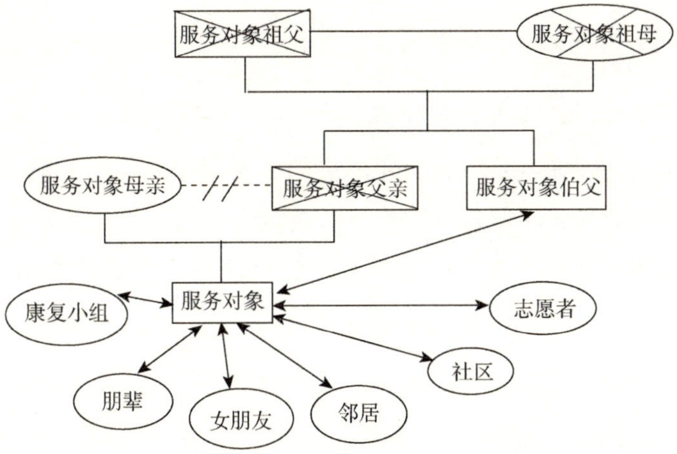

结案时生态图

在服务的开始阶段，生活的巨大变化、“犯罪”的标签、生活没有保障、社区居民的不接纳、亲人朋友的缺失以及身体的残疾，使服务对象自卑、敏感、孤僻、暴躁，对生活没有希望和热情，甚至还有仇视、报复社会的心理。社会工作者通过运用危机介入模式、心理社会治理模式和理性情绪治疗模式，帮助服务对象得到了拆迁安置房、土地租金和救助保障金，获得了社区居民的接纳，“标签”效应明显降低。结案时，服务对象每天早晚都到社区散步，并坚持参加康复训练，生活条件、健康状况以及心情都得到明显改善，生活重新有了意义和希望。在服务的过程中，该服务对象曾多次感谢社会工作者，并感慨地说：“通过你们的帮助，我改变了很多，房子有了，生活费有了，别人也不把我当‘怪物’‘坏人’了，以前做事、说话很冲动，特别容易发脾气，现在好多了，有些事情和你说说，感觉很舒服。”

六、专业反思

（一）表达“同感”的必要性

个案工作中，投入时间和精力建立相互依赖、开放、舒适的关系是绝对必要的，尤其是对于有犯罪史的服务对象，他们一般有很强的戒备心和敏感性，不愿自己的事情被其他人知道。在该阶段表达“同感”是特别重要的。只有当服务对象觉得社会工作者了解他的问题、他的感受，才可能与社会工作者分享他的经历、看法与感受，才可能与社会工作者合作解决他的问题。

（二）客观理智分析问题

个案工作中，社会工作者必须具有敏锐的观察能力，保持清晰的头脑、客观理性地分析问题。服务对象往往因其犯罪的经历和下肢残疾的事实，在叙述问题的时候存在捏造事实、添盐加醋、逃避事实等现象，以此来美化自己的形象，博得同情。社会工作者需要借助敏锐的洞察能力，仔细观察服务对象的肢体语言、思维逻辑，找第三人核实等方法和途径，客观、正确地判断和分析，不能因服务对象的误导而作出错误的分析判断。

（三）处理好移情、反移情

在个案工作中，经常会出现一些因素，破坏个案工作的专业关系，其中移情和反移情就是最主要的干扰因素。由于服务对象的负面形象和经历，使其对政府、社会具有恐惧、仇恨的心理，在服务的开始阶段，服务对象认为社会工作者来源于政府、社区，因此本能地对社会工作者产生敌意、愤恨，严重阻碍了服务的顺利开展。社会工作者通过细心、耐心的解释，无条件的爱和接纳，让服务对象真正感受到社会工作者的真诚，体会到社会工作者的目的是给他提供帮助，最终才消除“移情”，建立信任关系。同时，服务对象的粗暴和敌意，很容易引起社会工作者的“反移情”，激起社会工作者的感情困扰，将自己的个人偏见、冲动等态度自觉不自觉地带到服务过程中，使社会工作者无法客观地了解服务对象的能力和长处，无法提供温馨和支持的气氛，阻碍工作的健康发展。因此，社会工作者必须要理性地控制自己的情绪，内化社会工作“助人自助”“以人为本”的工作理念和专业价值，从专业的角度来分析和处理“反移情”。

案例点评

本案例的矫正服务对象是矫正社会工作实务中比较棘手的类型，自身经历曲折，面临诸多现实困难，心理上又存在较大的认知偏差，甚至有一些反社会的心理和行为，但社会工作者在本案例中用自己的专业态度和技巧，有效地帮助矫正服务对象克服各种困难，生活逐步走向正轨。这个过程是艰辛的，也是对社会工作者极大的考验，而矫正社会工作者用自己的行动践行了社会工作理念和精神，也用一点一滴的努力实现了“用生命影响生命”的过程。

对于一个10岁丧父、母亲因精神疾病离家出走的矫正服务对象而言，他的生命中是缺少关爱的，虽然有大伯抚养他，但家庭的变故对他的影响是根深蒂固的。小学毕业后便辍学，15岁外出打工，这个年龄段是形成自我同一性和稳定的人生观、价值观的重要时期，他不能像其他同龄人一样在父母的监督下成长，在接触了一些不良人群后，便走向了犯罪道路。而之后的多次犯罪，长期服刑，并且在服刑期间因事故导致下肢残疾。这些经历让服务对象进入社区后，面临重重问题，面对这样的矫正服务对象，社会工作者在最初的建立专业关系阶段便会遇到很大的困难。由于该矫正服务对象对周围的人充满敌意，甚至有报复社会、仇视社会的心理，加上把社会工作者看成是司法机关工作人员，因此很难与社会工作者建立信任关系。但社会工作者很好地运用了专业技巧，以服务对象感兴趣的话题为突破口，灵活运用尊重、接纳、非批判、服务对象自决等技巧，为矫正服务对象创造和谐、信任、舒适的沟通氛围，使其感受到真诚和关爱，而矫正服务对象是很缺乏这种关爱的，这为建立信任关系打下良好的基础，也正是这种信任关系，让服务对象能和社会工作者顺利进行接下来的矫正工作。

在制订服务计划时，社会工作者做得非常好的一点是让矫正服务对象参与到矫正服务计划的制订过程中，一起分析、探讨存在的问题，并一起制订接下来的工作计划和目标，这不仅让矫正服务对象感受到社会工作者和普通司法工作人员的不同，也让矫正服务对象感受到自己在矫正服务中的主体地位，有效地激发了服务对象参与矫正服务过程的积极性，为其改变现状提供了内在动力。在合作制订的服务目标中，涉及了服务对象需要解决的各种问题，把最急需的问题放在首位，不同的目标之间也体现了层层递进的逻辑关系，这点做得非常专业。略有遗憾的是，没有制定一个合适的总目标，如果有一个宏观一点的总目标，会让服务过程更有目的性，也会有效地提升服务效果。在正式开展服务之前，社会工作者和矫正服务对象签订了口头服务协议，这点很重要，但在实际服务中，口头服务协议的约束力和效果欠佳，最好能签订书面协议，不仅在形式上更加正式，也能在出现特殊情况时有正式的依据。

由于服务对象身有残疾，没有劳动能力，生活自理能力不足，在生活来源和住房的问题上也面临困境，面临严重的生存危机，因此社会工作者首先以危机介入的理论为指导，协助服务对象解决生存问题。通过多方协调以及耐心的辅导，在帮助服务对象争取资源的同时不断给服务对象输入希望，增强服务对象的信心，这些策略确实起到了很好的效果。对服务对象而言，这些生存问题的解决是最重要的，而在这个过程中，社会工作者的努力也起到了示范的作用，通过沟通这些实际问题，教会服务对象如何用合适的途径为自己争取权利，解决困难。从服务对象的角度来看，帮助服务对象争取拆迁安置房和土地租金的过程也是一个很好的“增能”过程，增强了服务对象应对自己处境的信心。

在帮助服务对象解决心理问题的阶段，社会工作者运用心理社会的治疗技巧，由浅入深，先用非反思性技巧帮助其宣泄情绪，认识自身问题，再用反思性技巧帮助其分析理解情绪管理的方法和技巧，增强其情绪控制能力。随后运用理性情绪疗法帮助服务对象认识到自己的非理性信念，纠正认知偏差，消除了非理性信念的影响。但由于在预估阶段发现服务对象的心理问题比较严重、复杂，在这个环节的介入略显不足，没有深入地、有针对性地面向服务对象的心理问题进行深度干预。可以理解的是，在时间和资源有限的情况下，进行深度心理干预是有难度的，能帮助其处理好不良情绪和非理性信念的问题已经很有成效。

社会工作者在社区开展家访和社区宣传，普及刑满释放人员社会适应知识这点上做得非常有意义。刑释人员在社会适应和社会交往方面往往存在很大问题，而社区作为其社会生活的基本单元，如能对他们“去标签化”，减轻社会排斥，对促进服务对象融入社区、回归社会将会有很大的帮助。而社会工作者除了社区倡导外，还陪伴服务对象到社区散步、购物、做活动，这些主动的参与进一步帮助其融入社区生活，而社会工作者的陪伴则很好地体现了社会工作者的专业精神。在社会工作实务过程中，面对缺少社会支持的服务对象，陪伴对服务对象具有超乎寻常的意义。

在结案阶段，通过简单的评估，能看到服务对象与刚接受服务时对比发生的巨大变化，通过结案时的生态图能看到服务对象有了更多的更加稳定的社会支持系统，而服务对象的住房等现实问题也得到了解决，社会排斥明显减轻，通过其自述看到其生活已经步入正轨。但有些遗憾的是，在结案评估中服务对象支持系统中的伯父和女朋友在矫正服务过程中没有参与进来，作为服务对象的重要他人，如能在整个矫正服务中让他们充分参与，对矫正过程将会有很大的帮助。

综合来看，整个案例过程看似平淡，也没有运用太复杂的理论模式和太高深的专业技巧，却处处能看到社会工作者的专业精神和用心，社会工作者的陪伴和支持对服务对象产生了很大的影响。而在这个陪伴的过程中帮助服务对象解决了一个又一个难题，社会工作者正是那个“扶”着有需要的人走一程的人，而这一程是“助人自助”的一程，让服务对象走完这一程之后能自己勇敢地走下去。

成长救助站

——犯罪青少年的司法社会工作服务

河南师范大学公共事务学院　刘加星

青少年犯罪已经成为一个世界性的社会问题。青少年阶段正处于人生成长转型的关键期，这个阶段的青少年既寻求独立，心理上又不够成熟，尚未形成稳定的人格结构，因此青少年本身也是一个矛盾体。对青少年而言，由于其所处的特殊人生阶段，受到周围环境尤其是同辈群体的影响较大，在不良社交圈子的影响下，青少年很容易走向犯罪道路，在青少年矫正中如果处理不当很容易让青少年罪犯成为惯犯和累犯。因此，许多国家和地区在青少年罪犯的矫正工作中都设立专门的司法转向制度，以便更好地保护青少年，帮助其真正地回归社会。

一、背景介绍

小马（化名）伙同他人抢劫小张现金 10 元，并把小张打伤，因涉嫌抢劫罪被依法逮捕。一个月前，他曾数次纠集他人在某城区实验中学附近抢劫该校学生。

小马现年 15 岁，尚未成年，这让检察机关感到为难，一方面，因为小马的违法行为并不是很恶劣，若是因此将其起诉，小马的人生轨迹很可能会因此改变；另一方面，由于小马年龄尚小，很脆弱，容易陷入“偶犯—被社会抛弃—绝望成累犯”的恶性循环之中。这种左右为难的境地是检察机关一直以来较为困惑的一个课题——如何处理青少年犯案件，是依法严办，还是给偶犯青少年一个改过自新的机会，使他们能够重新回归主流社会，避免犯罪的恶性循环？

关于此类案件的处理，上海、南京等地有比较成功的经验。他们引入社会工作者，使其介入罪错青少年的诉前考察，依据罪错青少年的表现决定是否进入诉讼程序。“诉前考察”的第一阶段，通过社会家庭互动法，了解其内心世界；第二阶段，通过任务中心介入模式，分析犯罪成因根源及教训；第三阶段，则用分类考察法，帮助他们树立信心，为立足社会打好基础。作为一名社会工作者，配合该区检察机关介入司法矫治中来，以期起到以下作用：一是充当联系人，以期在司法人员与青少年间搭起一座沟通的桥梁；二是充当教育者和治疗者，为青少年提供成长辅导，推动青少年认知改变，使其能认识自我，带着新目标和矫治后的情绪开始新的生活；三是充当使能者，为其社会化发展寻求各种可资利用的资源。

扩展阅读

关于青少年偏差行为的处理，由于受“标签理论”的影响，进入刑事司法体系后很容易让青少年犯罪成为累犯和成年犯，因此各国和地区在面对青少年犯罪问题时往往有一套独立的应对体系。一般常用的是青少年的司法转向制度，这是保护青少年和帮助其社会化、回归社会的重要制度保障。青少年司法转向制度包含了三个要素：一是避免将青少年罪犯送至监狱等机构处置，二是从轻处置，三是建立以社区为本的辅导体系。青少年司法转向制度注重青少年回归社会的目标，借助一系列的社区服务辅导体系帮助青少年改正偏差行为，改善社会功能，实现正向成长。

二、案例分析

（一）接案

小马（服务对象）生活在一个家庭结构不稳定的环境中，3 岁时父母离异，5 岁时父亲再婚，3 ~5 岁时由父亲照顾，5 ~8 岁时在爷爷奶奶身边生活，8 岁重新回到父亲身边和继母一起生活。另外，小马生母带着姐姐也重新组建了家庭。两家人生活在同一个市区，但小马与生母、姐姐接触并不多。

该区检察机关还向我们介绍：小马姐姐在该市一所职高上高二。

案发前一段时间，其生母在另一市区做生意，案发后曾托人给看守所中的小马带过些生活用品。经过简短的约见，社会工作者和小马形成一种简单意义上的个案服务关系。

（二）收集资料和案情评估

1. 资料收集

（1）来自服务对象家庭的信息

社会工作者先后约见了服务对象的父亲、继母及其他家庭成员，可以看得出来，他们带着很强的戒备心理与社会工作者交谈，他们希望小马能免予起诉早日出来，避免直接的损害或造成强大的负面影响。社会工作者表示出理解，并介绍社会工作，讲解社会工作者与检察工作者的差异，介绍社会工作者对青少年的帮扶计划、手法及职责范围等，以消除他们的疑虑戒备，用真诚带动沟通，建立服务中的信任关系。

小马继母属于无业人员，是典型的家庭妇女，她看上去脾气随和。她说自己和小马缺乏沟通，平日在生活方面对小马进行细心的照顾，但言行方面则疏于管教，作为继母也不好直接管教，小马在家经常与其争吵，她作为继母的角色很尴尬。虽然自己很想对小马进行教育与引导，却始终未能赢得他的认同和接受。

小马父亲在工商管理所上班，工作繁忙，平时与小马见面不多，也很少管他，但还是会管，可是小马并不服管教。在知道小马沉迷网络后，父亲多次满大街寻找并劝说其改正。当我们聊到家庭教育时，父亲提到了与前妻（小马生母）的离异，但没作过多解释，说小马在他离异之前是个好孩子。他承认再婚后在家庭教育上做得不够。他还说小马很讲义气，习惯请朋友到家中吃喝，自己在他的朋友交往中没怎么过问，以为他们是同学关系，完全是正常交往，家庭每次都热情地款待他们。

另外，虽然爷爷很疼爱孙子，也愿意小马跟自己生活，却感觉自己在思维习惯上与现在小孩（小马）有差异。小马父亲认为父亲年纪大了，儿子（小马）不能随他们生活；小马生母表示会对小马加以关注，希望能与他建立帮教关系，为其改过树立自信，并为其开始新生活提供尽可能的帮助；他的姐姐也流着泪说很想帮弟弟。

从家庭方面讲，作为父母，他们虽然能够给予小马生活上的关照，但没能和其促膝长谈，去深入了解他的内心世界。面对已经存在的问题，家庭成员没能很好地商讨，寻求解决方案，任其自然成长。

（2）通过服务对象透露的信息

社会工作者决定每周约见小马，目的有三：其一，通过接触了解小马的现实性心理反应，即小马在面对社会工作者以及想求助（表现出求助欲望）时可能出现的一种情绪和态度反应；其二，了解小马现在的问题；其三，了解服务对象的意愿并进行适当引导。

社会工作者一次接近服务对象时，其高度敏感，一种明显异样加上不信任的目光穿透过来。社会工作者很吃惊，一个 15 岁少年竟然表现得这么镇静，他神色冷酷、目光深邃，似乎是很会思考的那种人。他躲避话题，推说检察机关了解情况，不愿谈自己、家庭及朋友。他话语很少，语调也没什么变化，几乎不带感情色彩。社会工作者开门见山地亮明自己的身份，把自己和审讯者角色区分开来，尽可能消融隔阂，在社会工作者与服务对象之间缓慢建立起信任关系。

小马说他在看守所受惯犯欺负，精神状况有点不好，他渴望出来，对生活缺少信心与希望；他存在强烈的心理矛盾——对现状的担忧、害怕、失望与其对理想的憧憬之间的心理反差形成了强烈的反差，如反复强调担心被判刑，这样没脸见爷爷奶奶，也想上学却又感觉自己没前途等，有一种明显的自暴自弃倾向，难以与外界进行融合。

小马不爱交往，在校与同学几乎没交流，在家也不愿和父母沟通，与家庭成员关系比较紧张。他对家庭教育的方式不满，抵触情绪比较严重，对亲人的依赖度较低。但他说爷爷很爱他，会给他钱，他还想和爷爷在一块儿生活。他对生母有印象，也知道还有个姐姐，他比较喜欢和姐姐接触，但表示不愿意去打扰生母现在的生活。

在服务关系的建立上，社会工作者与服务对象只是初次接触，暂时没有充分的信任关系。服务对象谈得不多，有意隐瞒了自己的很多行为。社会工作者告诉他要坚强，要学会暂时适应这里的生活，用爷爷奶奶的期盼去安慰、激励、鼓舞他。社会工作者告诉小马，还会去看他、和他聊天。

第二次接触小马时，小马谈到他的父母。小马讨厌继母让他在家洗衣服。小马不喜欢父亲，因为父亲从不去学校开家长会，也没能帮其解决在学校受不良少年欺辱的问题。他认为，父亲只关心他的学习，除了学习啥都不管。他认为，自己曾经也是被别人要钱才转而结交社会朋友欺打别人。他曾为改变自己的行为作过努力，但没有效果。他在被捕后对自身的错误行为有初步的认识，感觉仅仅靠自身的力量无法去改变现存的一切，不知如何面对一系列的改变、如何重新开始、如何与父母处理好关系。

小马对继母有不信任感，不愿和继母沟通（哪怕继母对其关爱有加），他甚至把父母感情破裂的因素归结到继母身上，对其抱有排斥甚至敌视情绪。小马缺乏可以信赖交心的人。当小马处于困难或烦恼中需要与人沟通、获取帮助时，却无法与外界交流分担。小马没有机会也无处表达他的感受，他的恐惧、他的期盼，此时他的敌意就延伸至他整个人。在这个过程中他产生挫败感，进而转移感受，通过吃喝、上网、结交朋友等来寻求自我的满足。社会工作者再次说明自己的身份以及工作的性质，说明可能对小马提供的帮助，让他考虑一下自己的理想，要思索已有的行为，体会行为的影响等，在这些反思中去慢慢感悟。

第三次约见，小马开始谈说他的经历。小马法律意识淡薄，没考虑到严重后果。他找人要钱是因为他认为那些同学不敢告诉老师，老师不知道，“既然别人找我要，我也可以随意找别人要”。家庭给予小马的经济支持完全够其上学花销，但他在校内和不良同学结识，校外与社会青年往来，沉迷网络，学会吸烟，与朋友相互请客吃饭，这些造成其经常经济拮据。虽然小马行为不好，但他认为在这个过程中能充分享有自主权和决定权，可以获取支持和拥护，获得归属与爱的需要与满足。

2. 案情评估

社会工作者知道小马一家的担心和需要比现实显示的问题复杂得多。通过单独约见小马时收集到的信息以及对服务对象家庭成员的访谈、交往的观察，社会工作者形成如下观察报告：

（1）父母离异，家庭教养方式的改变在一定程度上影响了小马对母亲的依恋。父亲取代不了母亲，给不了母性对孩子的呵护与关爱，满足不了孩子成长的全部需求。生活环境的频繁改变影响到小马的自我评价，致使小马对环境、对人产生紧张感、多猜疑，破坏了他对家庭成员与外界的信任。

（2）小马的朋辈关系鱼龙混杂，小马选择社会上一些青年形成自己的保护圈，从而满足安全的需要。小马使自己的行为与不良群体内部规范保持了一致，这些思维模式、行为习惯、价值理念在小马身上得到了复制，对小马的行为产生了重大的影响，这些社会关系的构成和其心理生活空间有关。

（3）站在“边缘人”的角度看，小马与其家人处于二元世界之中，由疏离诱发的代际冲突直接影响到小马的行为。“自己的问题自己解决”——小马也表现出“自我意识”强化的心理现象。他急于独立，渴望得到社会的承认。小马以苛刻的眼光重新审视父母、社会，这使得代际冲突越发严重，也造成了小马更大程度上的行为偏失。小马在自身成长的冲突和各种矛盾的不断积累中，情绪难以控制，从而引发暴力。

总的来看，整个事件实际上是由家庭破裂、家庭隔阂、家庭沟通困难引发的家庭功能失调，对服务对象成长产生了不良影响，朋辈交往对服务对象成长发生了负面作用，服务对象的认知偏差及不良社会交往直接致使其行为失范。

小马在退学前学习成绩不错，接受事物能力比较强。他很在乎爷爷奶奶的关爱与感受，这样相对容易对小马进行教诲，促成其改变不良行为；小马性格倔强，独立意识强，这种服务对象一旦决心改正，能够有力避免来自外界不良朋辈群体的干扰，效果明显；小马学习功底好，有利于继续完成学业，开启新生活。

本案中小马的父亲、继母、生母、姐姐也都愿意为小马提供成长帮助，这有利于小马改过自新、开启新生活。

三、服务计划

（一）服务目标

1. 直接目标

了解小马生命中的事件，以及小马对这些事件的看法与感受，促进小马自我了解和自觉，使小马通过叙述个人的问题而得到某种程度的情绪宣泄，进而对问题有清楚的认识；对小马的需要与问题进行评估，并评估小马认知改变的态度与能力。

2. 拓展目标

增进小马与家庭的沟通，改善亲子关系；促进小马改过自新，协助小马恢复自信，接纳并学会欣赏自己，逐步建立健康的自我形象和生活方式。

3. 终极目标

促进小马树立正确的价值观，形成良好的自我认知、自我促进与自我实现，接纳自己和别人，形成良好的人际关系，有责任感，达到理想与现实中的自我一致。

（二）服务策略方法

（1）结合现实治疗模式与家庭结构治疗模式，采用行为介入、认知介入与家庭服务相结合的方法，借助个案访谈与家庭小组，促使小马问题行为的改变。尤其突出认知介入，它包括认知重组、角色模仿、问题解决及行为演练等。

知识链接

现实治疗模式

现实治疗模式是帮助矫正服务对象控制自己的行为，并在生活中作出新的选择。主要目标是协助矫正服务对象找出更有效的方法以满足其归属、权利、自由、快乐等需求。强调帮助矫正服务对象学习各种方法，重新取得对生活的控制权，过上令人满意的生活。现实治疗模式通过探讨矫正服务对象的想法增强其察觉能力，核心在于协助矫正服务对象评估自己的欲望和实际是否相符，以及行为是否对欲望的满足有帮助。现实疗法特别强调矫正服务对象力量和潜能的发挥。

（2）仔细聆听服务对象过去的生活经验，既不阻止也不责备，以非批评的态度了解小马及其问题，让小马自我开放、自我探讨，并表达因过去未能充分表达而积压在心里已经扭曲的对自己和他人的看法。

（3）简明扼要、清楚简洁地描述小马的处境，帮助小马准确了解自己的问题以及会谈目的，减少其焦虑。

（4）带着个别化、接纳、承认、理解、关怀、参与及自决的原则，重视小马对待困难和问题的个人感受与看法。

（5）挖掘小马作为一个人的价值、发展潜能以及自身改变的能力，合理地给予小马情感上的支持，加强其安全感与信任感，使小马身心松弛下来，以此增添其改变的动力。

（6）不过多或过早承诺服务效果，避免服务对象产生错误的期望。

（三）服务程序

1. 收集资料

（1）约见小马的父亲、继母、爷爷、奶奶、生母及姐姐，了解小马成长中的经历、转变与生活中的一些问题以及他的处理能力。

（2）完成与小马的互动，收集服务对象个人性的资料（身体情况、心理方面、价值观及处理问题的能力）和环境资料（包括家庭环境，延伸的环境系统，如小马的朋辈环境、小马与环境的交互作用），对服务对象的问题与需要、外在资源进行评估，以确定帮助的介入点。

（3）对小马生活的区域环境进行调查、抽样访谈，拜访小马的老师及其提到的部分朋友，从不同层面了解小马的生活、学习、人际交往、观念转变以及情感态度等，尽可能对服务对象作出客观准确的评价，也希望在此过程中为小马搜寻出更多的、能利用的成长资源。

2. 分析服务对象行为偏失的原因

小马生活的社会环境及自身因素如何导致、维持和影响小马的挣扎、失败和错误？小马为解决问题作过的努力及效果？

3. 干预介入

社会工作方法在矫治中的具体运用。

4. 后期跟踪辅导

服务目标达到后，可以结案。结案完成后，要继续跟踪辅导。

四、服务计划实施过程

（一）干预介入

1. 干预一：组建家庭小组

家庭功能缺失是诱发小马行为偏失的主因，家庭成员间信任度低，沟通困难，二元世界的代际冲突明显，这些障碍对小马有较大影响。征求了小马和其家庭成员的意愿，社会工作者集合小马及其父亲、继母、爷爷、奶奶、姐姐组建了一个家庭小组。借助“大风吹”等一些小游戏来打破全家相聚时的沉默，增强家庭欢快氛围，用一些身体接触的小游戏来促使家庭成员关系融合。在游戏中，社会工作者鼓励每位参与者敞开心扉，真诚地向其他组员介绍自己，促进组员彼此了解、接纳。希望他们亲子间能厘清身份认同，让小马获取归属感，能够正确看待并合理处理与其他家庭成员的关系，如在家多帮助父母，多和父母及其他亲人交流沟通，重拾亲情，带着感恩的心去体会家庭内部的快乐。在小组中社会工作者引发大家探讨了理想的家庭模式、家庭成员的言行等，以此促进他们家庭功能的恢复与构建。

在家庭小组中，我们着重探讨了怎么帮助小马。家庭成员达成的意见是在日常生活中不会揭小马伤疤，避免引起小马过去的伤痛和自责。不把小马当成问题少年来看管，合理听取孩子（小马）的意见和建议，让其在亲情上得到信任和满足。如果小马再发生什么问题，整个家庭会积极去寻求解决办法。大家都相信小马有改变自己的能力。

小马的父亲要为小马更换一个新的学校环境，让其继续接受学校教育，以后自己会与学校通力合作，为小马的全新生活、全面发展创造一个良好的外部条件。小马的父亲还强调会注重在家庭中的示范作用，要协助小马摆脱其结交的不良群体，帮助他打破朋辈压力，早日独立。他还将有针对性地辅导小马，培养他良好的生活习惯，协助他重新构建自己的人际网络，并适当对其交际圈进行约束和引导。并要留心观察小马的心理冲突，协助小马建立宣泄情绪的渠道，缓解冲动，引导他正确面对各种心理挫折。

2. 干预二：角色配置演练

我们商讨认为，必要的工作是让小马认识到自己的行为，让他讨论自己的参与，以及鼓励他讨论网络团伙对他自己的意义；还要让他明白怎么去做。给他一个可以看得见、摸得着的活生生的形象作为自我的代表，让他以此探索改正做回自己。我们在已有的小组中添置了新的内容——角色装扮，假设各种场景，面对不同的人群，怎么去识别一些行为及其后果，用以增强小马改变的信心和动力。让小马在角色的亲历中理性思考，学习各种人际交往技巧，还包括生命意义教育、成长认知教育。

相关链接

角色扮演法

角色扮演法是社会工作服务中最常用的方法之一，无论是在个案服务、家庭治疗还是小组工作中，角色扮演都具有非常独特的效果。在现实的社会工作服务中，经常面对各类复杂的服务对象，角色扮演能提供一种现场感和即时感，让服务对象设身处地地体会所扮演角色的真实处境，在扮演中实现自我的启发和反思。角色扮演法之所以效果好，关键在于它的体验性。通过这种体验式的感受很容易让服务对象理解不同角色的不同处境，也能让服务对象在一定意义上学会从不同的角度去思考问题，学会有同理心的思考，而这些在矫正社会工作实务中格外重要。

3. 干预三：成长个案访谈

社会工作者认为目前情势应该从关注孩子现状做起，关注已有问题。小马行为失范，存在强烈的矛盾心理，需要防止其进一步扩大。社会工作者表示要对小马进行成长个案访谈，小马接受了。社会工作者力求在这个过程中帮助小马分析错误，赋予他较多的成人行为资讯与责任，使其在发展上的转型比较平稳，形成连续性发展，促使他重拾自信与尊严，进一步提高自我概念。

社会工作者建议他协助有关人员澄清事实，面对现状，承担责任，不逃避问题及冲突，并努力让他明白，小马的错误是其自身所处的家庭、社会环境、自我认知等多个复杂的因素相互作用的结果，并不仅仅是本人所致。我们讨论了如何获取成就——要从过去事件中追寻正面的思想及感受，学会与人交往，走出自我中心，要学会获取父母和朋辈的支持，逐渐融入对自己人生发展有益的群体中去，多关怀及帮助别人，提高特定领域中的能力，习得适应（调适）技能。社会工作者鼓励社会工作者注重情绪与兴趣的发展，将良好的行为规范逐渐内化，增进自我控制的能力，使情绪表现符合社会文化的期望。访谈中社会工作者一直注重挖掘小马的优势并对他加以鼓励。

（二）服务跟进

作为社会工作者，对小马进行跟踪引导，保持如下服务：

1. 协助小马完成社会化过程

辅导小马在自身的发展中顺利接受社会各种规则，并实现社会规则在自己心中的内化。加强小马的责任感和对他人的尊重，内容包括如何处理与他人、社会、自然、自我之间的关系，要注重对小马的社会适应产生影响的社会公德的态度及行为教育。

2. 成长发展辅导

包括生理健康辅导、学习技巧和能力的辅导、心理健康辅导、人际交往辅导等。

五、案例评估

整个工作，从接案到评估，社会工作者都非常注意社会及家庭环境对小马的影响，同时注意案例的整体情况。社会工作者对服务对象的服务最主要目的是实现服务对象的健康成长，要使其认识自己的行为价值并纠正，学会自我行为约束与控制。同时，促进他们一家人的良好沟通，推动积极稳定的家庭功能建设，促使整个家庭都参与干预计划，帮他们找到合适的、有可能获取的资源，通过提供资源、人际关系网络、倡议、咨询以及其他的服务来帮助小马很好地社会化。在这个服务过程中，社会工作者用一种非正式的、轻松的方式和小马及其家人、朋友之间进行交流，讨论其中的个人、家庭及其他问题，把社会工作者通常用的“问答”模式降低到了最低限度，这种讲故事的谈话方式促使我们建立了充分的信任关系和帮助性的职业关系。

这个关爱项目服务是由检察机关引介的，我们共同充当服务的评估方，职责是评估服务对象的身心状况及能力，是否有改过的意向和可能，是否能够很好地进行自我行为约束与控制，永不再犯。另外，社会工作者还负责服务效果的评估。我们对案情的评估是客观的，这些评估是建立在各种客观信息的基础上的。做实务时，社会工作者在前期和后期分别跟随他的家人一起制订评估目标（后期有小马本人参与），这些评估在很大程度上都是主观的，尽管没有明言，在社会工作者看来，良好的沟通、充分的信任是为促进小马能很好的发展。社会工作者向他们分析小马失足的原因，长时间地探讨了家庭功能的失调以及如何掌握沟通的技巧。

从结果看，小马对自身的不良行为、习性有了明确的认识，意识到其影响及严重后果，产生了改变的意愿和决心。小马告诉社会工作者，他要拒绝和原先的网吧朋友往来，好好学习，和父母多说话，交流感受。父亲意识到自己在孩子心中的示范作用，说要做一个好爸爸，多陪伴孩子，全家一起游玩，拉近妻子和孩子的心理距离。目前，从整体上看，孩子和父母间的激烈情绪逐渐缓和，家庭关系在逐渐融合。另外，社会工作者为他们家庭引荐了更为专业的辅导老师，供他们咨询相关问题。

干预工作的生效并不意味着一个完美的终结，小马的生活中还会出现各种问题，社会工作者会继续与小马家人一道工作，跟进，进行成效评估，协助成长辅导，如学习问题、同学交往等。

六、专业反思

（一）专业关系的建立决定个案工作的成败

在服务前期，社会工作者如何与小马建立信任关系，彼此融合，这是个案工作能否顺利有效开展的一个重要前提，也是能否建立专业关系的一个重要衡量因素。在后期服务中，如何与小马加强交流，巩固业已出现的信任，促进其学习、生活以及他与家庭的互动，整个过程中如何为服务对象争取资源以及由此调整服务目标，是社会工作进入较深层次后应该注意和反思的。这样才能够促使服务对象朝着一个切实可行的方向发展，这是服务的一个重要要求。

（二）社会工作者对于服务的评估和选取介入的策略在很大程度上要基于理论的分析

理论重在给人一种思维、一种成型的工作思路，对相关理论的熟知度会在客观上影响服务的效果。是不是需要借助理论去构建服务，以及如何借助理论去有效服务，还需要社会工作者去不断思索。

（三）关于“服务对象自决”

在这类介入接案中，“服务对象自决”似乎就是社会工作者想达成优质服务，服务前为双方关系有效开展，在心里预想为达到某种效果而预设的一种理想状况。这和书本上提到的“服务对象自决”还是有差异的。书本上提到的是一种理想状况，司法矫治服务中按照“服务对象自决”的标准能否真正地展开工作，需要反思。当然，做到“服务对象自决”是我们努力争取的目标。小马就不是很积极，“自决程度”不高，甚至一度出现社会工作者“一头热”的情况。因此，如何激发服务对象的热情和积极性是服务的首要侧重点。

（四）社会工作在司法矫治方面的表现

一般来说，矫正社会工作中的求助并不存在一个明显的由服务对象本人向社会工作者“呼喊”的过程，即不存在一般社会个案工作原则中强调的服务对象本人主动向社会工作者咨询问题的过程。司法矫治的接案工作似乎存在一种隐性的强行介入，是由检察机关引介，作为社会工作者接案的开始。“诉前考察”机制下，需要借助专门的心理咨询和先进仪器对服务对象进行评估，避免服务对象撒谎躲避犯罪惩罚。服务过程中涉及很多专门的青少年服务部门，一方面，对提供资源的各方应有什么样的规范，如何去协调这些资源，达到想要的效果，需要不断探讨；另一方面，那些缺乏相应机构或犯罪矫治服务网络的区域是否也能够开展司法矫治？若可行，如何合理有效地展开？需要社会工作者探索反思。此外，社会工作者在服务中借助肢体语言等把理论技巧运用于服务过程中对社会工作开展至关重要，是需要留意与不断累积的。

案例点评

本案例的矫正社会工作服务对象是犯抢劫罪的未成年人，对未成年罪犯而言，在矫正过程中要更多地对其进行保护和疏导，帮其树立正确的价值观，真正回归正常生活。像许多青少年罪犯一样，本案例中的服务对象也有一个不幸的家庭和童年。3 岁时父母离异，5 岁时父亲再婚，8 岁之前跟爷爷奶奶一起生活，这样的家庭生活和童年经历无疑对服务对象影响极大，缺少完整父爱和母爱的童年让其性格敏感、自卑又充满叛逆。因此，矫正社会工作者在接案后，在系统地评估掌握基本情况后，决定从其行为问题、家庭问题、心理动力、社交网络等几个角度着手对其进行个案矫正工作。

在资料收集和预估阶段，社会工作者访谈了所有相关人员，对矫正服务对象的生活经历、家庭结构、性格特点、犯罪经历、矫正现状等各个角度进行了全面的预估。通过预估发现矫正服务对象的问题集中表现在因家庭破裂和生活环境的频繁变化导致的性格和价值观的问题，加上不良的社交圈子让其进一步形成了扭曲的价值观，而且法律意识淡薄。但同时社会工作者也发现了其自身的优势和资源，比如服务对象比较独立，退学前学习成绩不错，且对爷爷奶奶的关爱比较在乎，这些都是进一步矫正中要好好把握的切入点。而在外在环境中，其家人都愿意帮助服务对象，这也为接下来的矫正工作提供了很好的保障。在这个阶段，社会工作者做得非常好的地方是评估比较全面、具体，而且不仅仅对其问题和困难进行评估，也很好地运用了优势视角，发现了其自身和环境中的优势和资源。但在预估阶段，社会工作者对服务对象问题的分类和总结缺乏一定的逻辑性和关联性，比较理想的是按照一定的理论指导，对其身心状况、家庭情况、朋辈群体等社会支持状况等分别进行整理和归类，这样会让其问题和优势更加清晰，也能让接下来的工作更加规范。

在服务目标的制订上，矫正社会工作者分成了直接目标、拓展目标和终极目标 3 个部分，分别针对服务对象的自我心理和认知状况，家庭结构状况以及最终的价值观和自我同一性问题。目标比较符合矫正对象的现实需要，而且具有比较好的操作性。但在目标分类上，也是缺少一定逻辑性，目标表述有重合，而且没有提到帮助服务对象回归正常生活的目标。在服务策略的制订上，比较具体地列举了服务的主要策略方法，而且这些策略也是比较具有可操作性，但在策略的制订上，有些过分地关注细节和矫正服务对象个人的心理矫正和支持，而缺少对其家庭和环境介入的策略。

服务实施的过程中，社会工作者把握住了矫正服务对象的核心问题，从家庭着手，运用结构家庭的理论展开家庭服务，以小组的形式展开服务，通过一些小组游戏和互动来打破原有僵化的家庭关系，这对于尚未成年的小马来说，是一个很好的服务形式。在家庭服务过程中，解决了一些具体问题，包括商定小马转学事宜，阻断其原有不良社会关系的问题等，这些现实问题的解决在矫正介入中格外重要。但这样一次小组形式的家庭会谈，把很多家庭中的角色澄清，家庭模式的反思等都寄托于这样一次家庭会谈是有些不现实的。而且从结构家庭的视角进行介入，开展一次这样的家庭会谈对家庭结构的改善是远远不够的，有条件的话，最好能进一步地深入开展多次结构家庭治疗，真正帮助服务对象改善家庭环境，以消除其对家庭关系中的诸多不满。

由于服务对象是未成年人，在社会角色认知，个人的价值观、人生观上尚未定型，社会工作者巧妙地运用现实疗法的思路进行角色引导和演练，同时运用优势视角进行个案辅导，帮其纠正错误的认知，培养良好的行为规范。在角色演练的过程中，社会工作者通过角色扮演，让服务对象感受、识别不同的行为及其后果，并让他学会去理性思考不同的行为，学会面对和承担自己行为的责任。这种聚焦于当下和将来，以问题为中心寻求解决的思路正是现实疗法的核心思想。而角色扮演和体验的形式对尚未成年的服务对象来说，是一种更容易理解和接受的形式。在此基础上进一步辅以生命历程教育，则能帮助服务对象进一步的成长，更好地体验自身的生命角色。在成长个案访谈中，着重运用优势视角挖掘服务对象的内在动力，进一步让其进行认知层面的改善，同时很好地把握了青少年的一些特点，帮其树立责任意识，走出自我中心，重拾自信和尊严，强化了其自我概念的认知和自我同一性的完善。

但对于专业的矫正社会工作服务而言，本案例的服务介入过程中有几个部分做得都不够彻底，每个过程都有种浅尝辄止的感觉，而且不同的服务介入环节之间的衔接性和逻辑性也存在一些问题。在服务实施中，对前面预估阶段所述问题如朋辈关系问题、“边缘人”的问题，在具体服务实施阶段没有得到足够多的服务回应。就案例的书写角度来看，本应作为矫正社会工作介入核心的服务实施环节，介绍不够具体，不能让读者看到一个完整规范的服务实施过程。

通观整个案例，面对这样一个未成年人的犯罪问题，在“诉前考察”的机制下，要对服务对象进行有效的服务干预，还要协调各种关系，为司法机关提供有效的评估报告，这对社会工作者来说是一个很大的挑战。但矫正社会工作者很好地把握住了关键问题，而且通过最后的服务评估也能看到服务的成效显著。同时，作为“诉前考察”的一部分，矫正效果对服务对象而言也具有很重要的现实意义，对违法青少年的这种社会工作服务，不仅是帮助他们解决眼前的问题，更重要的是这种服务很可能会改变他们的一生。

心灵氧吧

——情绪支持小组的实践与反思

上海市新航社区服务总站嘉定工作站
金婉仙　赵华红　金文雯

对社区服刑人员而言，情绪问题是困扰他们的一个严重问题，很多社区服刑人员正是因为自身的情绪问题没有处理好才导致一些错误的行为出现。因此，针对社区服刑人员的情绪问题开展的服务极为必要。运用小组工作的方法对社区服刑人员进行服务，不仅能在有限的时间和资源的范围内帮助更多的服务对象，而且可以充分发挥小组动力，利用同质性组员的支持性作用，让组员在小组中掌握更多、更有效而且是他们更愿意接受的一些处理情绪问题的知识和方法，收到事半功倍的效果。

一、背景介绍

社区服刑人员进入社区矫正的前3个月为初期矫正期。3个月初期矫正期满后，社区服刑人员接受风险测评以及心理量表测试。根据测评和测试结果，以及平时帮教服务情况，社区服刑人员将被分级。高风险人员为一级矫正服务对象。

社会工作者在针对社区服刑人员帮教服务中发现，初级矫正对象、一级矫正对象普遍存在着情绪困扰，因此产生了开展情绪支持小组服务的设想。

初期矫正、一级矫正服务对象大都处于无业状态，这使他们参加小组活动的时间有了保障。

二、问题的陈述与分析

初期矫正服务对象由于对社区矫正的情况不熟悉，对社会工作者提供的帮教服务也不清楚，加上自身遭遇判刑这个重大的人生挫折，大多存在负面情绪。对负面情绪处理不当，不仅会影响到他们个人、家庭，也会影响到社区矫正的有效开展。一级矫正服务对象作为重点帮教的服务对象，自身也存在不少负面情绪。这些服务对象大多法制观念淡薄、文化层次不高，情绪控制能力较弱。他们需要学习和领悟认识情绪、掌握调节情绪的方法。

三、“心灵氧吧”情绪支持小组计划

（一）小组理念

秉承社会工作的基本价值观，引导服务对象参与小组活动、积极互动和相互协助，帮助他们改变个人现状。活动中，遵循保密、坦诚、尊重、倾听、不批判等原则。

（二）小组目标

1. 总目标

让参与小组活动的服务对象能识别自我情绪，掌握调节情绪的方法和技巧，从而合理调节情绪，对生活中那些由于矛盾和一些事件引起的过激反应能得到适当的排解，最终可以更好地融入社会。

2. 具体目标

识别非理性的信念，学习认知应对策略，学习情绪控制技巧和放松技巧，掌握自我调节的方法。

（三）小组性质

封闭式的支持小组。

（四）小组对象

辖区内 3 个社区中的初期矫正、一级矫正的社区服刑人员（8 人），遵循自愿参加的原则。

（五）活动时间

每周一次。

（六）小组模式

治疗模式。

知识链接

治疗模式

治疗模式下的小组既是治疗的工具也是治疗的环境。就治疗工具而言，小组被用来影响成员的参与并提供成员互动的机会，以创造成员的改变；就治疗环境而言，小组是一个封闭的动力系统，组员间的行为逐步发生改观，由此小组的形成不能是自发的，小组成员也不能是任意的。在治疗模式下，对组员和小组工作者都有较高的专业要求，而小组的设置也是要形成有利的治疗环境的。

（七）小组理论依据

主要为阿尔伯特·艾利斯情绪 ABC 理论、情绪管理 ACE 理论。

（八）小组活动计划

次数/项目	目标	内容
第一节 相聚在一起 （1 个半小时）	协助成员彼此认识，同时介绍并明确小组的目标；建立小组规范	1. 介绍成立“心灵氧吧”情绪支持小组背景 2. 暖身活动 （1）柔软体操 （2）介绍兴趣爱好 3. “心灵氧吧”情绪支持小组 （1）澄清小组目标，明确小组规范和制度 （2）小组成员提出意见和建议 （3）签订小组契约书 4. 分享参加活动的感受 5. 布置作业：思考我的情绪状况

续表

次数/项目	目标	内容
第二节 我的情绪 （1个半小时）	引导小组成员意识到每个人都会有情绪，每个人自我调节情绪的方法各不相同	1. 回顾上节活动内容 2. 按1～10分给近期情绪打分（1分代表情绪极差，10分代表情绪极好） 3. 小组成员分享解决情绪问题的习惯方式 4. 找一找最困扰您的问题是什么 5. 现场角色扮演以及分享（社会工作者与组员针对个别成员的问题，提出自己的建议和想法以供参考） 6. 小组成员参与整个活动的感受 7. 布置作业（思考和学习调节情绪的方法），为每个小组成员赠送《再苦也要笑一笑》心理成长书籍一本
第三节 认识情绪 （1个半小时）	让小组成员了解正负情绪以及情绪对健康的影响等	1. 回顾上节活动内容 2. 暖身活动：游戏，信任；感悟活动："注水" 3. 小组成员分享活动感受 4. 观看视频《心灵种树》，学习心理健康教育教材 5. 小组成员分享对视频学习内容的想法 6. 互动：小组成员就近一个星期的情绪进行打分，分值1～10分；现场招募低于6分的成员，进行角色扮演活动，请心理咨询师进行咨询 7. 布置作业和对下一次小组活动内容的预告 布置作业：学习《再苦也要笑一笑》中有关情绪的章节 预告下一次小组活动的内容——调节情绪

续表

次数/项目	目标	内容
第四节 调节情绪 （1 个半小时）	学习通过干预不合理想法调节情绪	1. 带动小组成员回顾第三节小组活动“认识情绪”的内容及小组规则 2. 暖身活动，通过两个互动游戏（叠罗汉、撕纸），使小组成员相互了解，增进认识 3. 小组成员分享活动感受 4. 社会工作者通过引导小组成员对“半杯水”发表的想法引入理性情绪 ABC 理论 5. 在互动环节通过情景模拟（如“与领导打招呼，领导不予理睬”）来巩固所学理论，请小组每个成员根据自身情况发表见解进行分享 6. 布置作业和对下一节小组活动内容的预告 布置作业：根据自身情况，运用 ABC 情绪理论理解在矫正过程中参加的个别教育、集中教育，并对此发表看法 预告下一节小组活动的内容——放松训练
第五节 放松训练 （1 个半小时）	体验通过身体放松达到身心的放松和情绪的稳定	1. 回顾上一节活动的内容 2. 小组成员分别介绍近期的情况，就学习到的调节情绪的方法进行分享 3. 小组成员一起完成了 20 分钟的放松训练，结合不同情景，内化放松技巧 4. 告知下节小组活动为最后一次
第六节 快乐每一天 （1 个半小时）	小组解散，处理离别情绪，相互嘱咐	1. 回顾小组的历程 2. 小组成员发表感言 3. 成员间祝福 4. 赠送纪念品、道别

知识链接

情绪 ABC 理论

情绪 ABC 理论是由美国心理学家艾利斯（A. Ellis）创建的。就是认为激发事件 A（Activating event）只是引发情绪和行为后果 C（Consequence）的间接原因，而引起 C 的直接原因则是个体对激发事件 A 的认知和评价而产生的信念 B（Belief），即人的消极情绪和行为障碍结果（C），不是由于某一激发事件（A）直接引发的，而是由于经受这一事件的个体对它不正确的认知和评价所产生的错误信念（B）所直接引起，错误信念也称为非理性信念。因此，事情发生的一切根源缘于我们的信念（如：人们对事件的想法，解释和评价等）。情绪 ABC 理论的创始者埃利斯认为：正是由于我们常有的一些不合理的信念才使我们产生情绪困扰。如果这些不合理的信念存在久而久之，可能会引起情绪障碍。

四、“心灵氧吧”情绪支持小组实施过程

（一）第一节活动：相聚在一起

1. 目的

协助成员彼此认识，同时介绍并明确小组的目标，建立小组规范。

2. 实施过程

小组活动开始，社会工作者回顾了成立情绪支持小组的前期准备工作。进行了柔软体操、介绍各自的兴趣爱好等暖身活动，增进相互的了解。社会工作者向服务对象解释小组目标，明确小组规范和制度，对于

服务对象提出的意见和建议，作了修正和补充并集中签订小组契约书（承诺书）。服务对象之间分享参加活动的感受，并表示乐意继续参加小组活动。最后由社会工作者布置了思考自己的情绪状况的作业。

（二）第二节活动：我的情绪

1. 目的

引导服务对象意识到每个人都会有情绪，每个人自我调节情绪的方法各不相同。

2. 实施过程

首先回顾上一节活动内容，接着请每位服务对象按 1～10 分给近期情绪打分（1 分代表情绪极差，10 分代表情绪极好）。社会工作者请服务对象分享解决情绪问题的习惯方式，找一找最困扰他们的问题是什么。对打分低于 6 分的成员，由心理咨询师进行一个现场的面询，最后请服务对象分享参与整个活动的感受并布置思考和学习调节情绪方法的作业。

通过现场角色扮演以及分享感受，让服务对象意识到当遇到问题的时候，除了自己排解不良情绪外，还可以向相关机构中的专业人员求助，如社会工作者、心理咨询师等。

本节活动为每个服务对象赠送《再苦也要笑一笑》心理成长书籍一本。

（三）第三节活动：认识情绪

1. 目的

让服务对象了解正负情绪以及情绪对健康的影响等。

2. 实施过程

首先回顾重温了第二节小组活动的内容及小组规则。接着做暖身活动，通过体验“信任”“注水”两个暖身活动，活跃了小组气氛。组织观看《心灵种树》心理健康教育教材中有关情绪的章节，向服务对象讲解情绪对人的影响、情绪对健康的影响及幸福指数的测试等。互动环节，通过服务对象就自己目前的情绪打分并与上一次的分数进行比较。现场招募服务对象与心理咨询师进行一对一的面询。服务对象观摩了整个面询过程，在咨询过程中心理咨询师表现出来的倾听、接纳、尊重等技巧，感染了每一个服务对象。最后布置了相关的作业，并预告了下一节活动的主题等情况。

（四）第四节活动：调节情绪

1. 目的

学习通过干预不合理的想法，来调节情绪。

2. 实施过程

扩展阅读

在运用理性情绪疗法进行辅导的过程中，经常需要借助布置家庭作业，让服务对象在辅导时间之外进行自我训练，这些自我训练对服务对象真正领悟ABC情绪理论，以及如何将其运用到自己的生活中，让自己摆脱非理性的思维模式，重建理性的思维习惯具有重要的意义。在布置家庭作业时最常用的是以下两种形式：

❖RET自助表，是让服务对象写出事件A和结果C，然后从表中已列出的一些常见不合理信念中找出符合自己情况的B，或者可以写出未列出的其他不合理信念；要求服务对象对符合自己情况的B逐一进行分析，并找出可以代替那些B的合理信念，填在相应的栏目中；最后一项，要求服务对象写出他所获得的新的情绪和行为。

❖合理自我分析报告，也是要求服务对象以报告的形式写出ABCDE各项（A：事件；B：信念；C：事件结果；D：辩驳；E：新观念）。报告的重点是以D与不合理信念进行辩论为主。

首先，回顾了第三节“认识情绪”主题活动的内容，接着做暖身活动，通过“叠罗汉”“撕纸”两个互动游戏，使服务对象对彼此有了更进一步的了解。通过引导服务对象对“半杯水”发表的想法引入心理学上重要的理论——情绪 ABC 理论。在互动环节通过“路遇领导”情景模拟来巩固所学理论，并请服务对象根据自身情况发表见解进行分享。最后希望服务对象在日常生活中要善于观察和体会所学习到的知识，并对下一次活动进行了预告。

（五）第五节活动：放松训练

1. 目的

体验通过身体放松达到身心的放松和情绪的稳定。

2. 实施过程

活动开始先回顾第四节活动的内容，邀请服务对象分别介绍近期的情况，就学习到的调节情绪的方法进行分享。接着服务对象一起完成了 20 分钟的放松训练，结合不同情景，放松技巧，让身体各部分彻底放松，最后提醒服务对象下节小组活动为最后一次。

（六）第六节活动：快乐每一天

1. 目的

小组解散，处理离别情绪，相互嘱咐。

2. 实施过程

首先回顾前期五节活动情况、小组目的、目标等。暖身活动为“我帮你、你帮我”。在接下来的心理游戏“优点大轰炸”中，服务对象一一用真诚的话语去鼓励其他服务对象，同时也接受来自社会工作者以及组员的“优点大轰炸”，场面温馨而感动。

随后，大家学习了《心灵种树》中关于“乐观”的相关内容，并分享参加活动的收获和感受。大家都表示下次如果有这样的活动还愿意参加。最后，大家完成问卷表，依依不舍中道别。

五、对“心灵氧吧”情绪支持小组评估

小组活动过程中，鼓励服务对象把参与小组活动的感受或者建议等通过书面反映出来，便于社会工作者及时调整和回应。邀请服务对象填写有关小组的问卷调查，由服务对象对小组进行满意度评估。

（一）服务对象满意度评估

服务对象对整个小组活动的总体评价是非常积极的，给小组活动这个项目打分（满分10分），最后平均分为9.375分，有75%的成员认为小组气氛“非常好”。小组活动中，3名社会工作者合作发挥了很好的作用，100%的成员认为指导者的表现非常认真。这也是社会工作者充分运用“平等、尊重、接纳、助人自助”专业理念的一种体现。

（二）小组活动过程评估

每次活动后，社会工作者都会听取成员的反馈意见，对活动内容不断加以调整和改进。从调查表反映来看，100%的成员对于每次活动时间（约90分钟）觉得合适的。小组活动中，为了活跃气氛、认识彼此，指导者围绕小组目标精心设计了10个暖身活动，并在游戏结束后进行分享和讨论。从问卷调查表反馈看，75%的服务对象认为小组活动的内容“很合理”，大多数成员对“半杯水”“优点大轰炸”等内容留下较为深刻的印象。

（三）小组成效评估

调查表中列举参加“心灵氧吧”情绪支持小组活动的收获这一项中，有服务对象写道“通过本次活动，使本人在心灵上、思想上、身

心上都能获得很大收获”“在活动中能调节自己的心态，也让自己的想法能得到充分理解”。

75%的服务对象认为“很有启发”，25%的服务对象认为“有所启发”，认为“一般”和“无启发”的为零。

结案时，成员都希望多开展这种活动，100%的成员希望小组活动继续举办。

六、对“心灵氧吧”情绪支持小组反思

（1）“心灵氧吧”情绪支持小组聚焦服务对象的负面情绪问题，小组的目标比较明确。这为实现小组目标找到了一个很好的切入口。

扩展阅读

在小组工作中，一般不设置多名小组工作员同时参与到同一小组中，但确因小组设置需要有多名社会工作者以小组工作员的身份参与到同一小组中时，一定要明确每个人的角色和身份。当一名工作员作为主要的指导者带领小组活动时，另外的参与者要以普通组员的身份和角色来参与活动。一定要避免同时参与活动的多名社会工作者之间形成较强的内部互动，这种互动对整个小组的动力调动和发展是不利的，会破坏正常的小组动力，也会让组员对工作员之间的互动形成依赖和权威感，进而在一定意义上压抑了组员的正常参与和表达。

（2）小组活动中，3 名社会工作者发挥了很好的作用。当一人在主持活动的时候，其他两人则在小组中积极的响应和倡导，增加了整

个小组的融合度，使小组成员的同质性和异质性得到很好的结合。

（3）一级矫正服务对象由于接受帮教服务的时间较长，他们对社会工作者的服务非常认同。在小组中，他们能积极参与，主动分享接受服务的感受、收获。这不仅肯定了社会工作者，而且提升了在初期矫正服务对象心目中的良好形象，为后续更好开展帮教服务打下了基础。

（4）第一次小组活动，有个别服务对象有一些抵触情绪，这就提醒社会工作者在招募服务对象时，需要耐心做好解释、宣传和鼓舞工作，让他们怀着期待的心情来参加小组活动。

（5）小组活动的场地偏小了一些，还不够理想，今后也要引起注意或者要利用室外场地。本次小组活动在场地布置上下了功夫，如最后一次活动中，用气球来烘托欢快的气氛。

（6）服务对象在活动中的开放度还不够，还需要调动成员的参与性。

纵观整个小组活动，服务对象共同参与、共同进步，在小组活动中积极互动、相互协作、分享感受，学习和探讨情绪调节的方法。通过小组活动服务对象学会了识别非理性的信念、应对策略，学习了情绪控制技巧和放松技巧，初步掌握了自我调节的方法，达到了小组的预期目标。

社会工作者通过实践，把理论和实际相结合，积累了策划和主持小组活动的宝贵经验，提高了业务水平和能力，获得了成长。

（感谢华东理工大学张昱教授、费梅苹教授对开展小组活动给予的悉心指导）

案例点评

本案例以进入社区矫正不满 3 个月的初期矫正期的高风险一级矫

正对象为服务对象，主要针对该群体的情绪困扰问题而开展情绪支持小组服务。由于该群体的特殊性，处于矫正初期的高风险服务对象普遍存在法制意识淡薄、文化层次不高、情绪控制能力较弱等问题。因此社会工作者基于这种需求，设计了一个开展6次活动的情绪支持小组。小组主要基于治疗模式设计，定性为封闭式支持性小组。

在本案例的具体小组活动计划和开展过程中，能看到一个完整、规范的小组工作过程，这种规范化的操作符合社会工作的专业要求。6次小组活动从最开始的认识介绍小组并制定规范，到后来逐步地引入认识自己的情绪，体会情绪反应并在真实的角色体验中去感受和分享情绪控制的过程，整个过程中通过不同的小组活动来启发体验和分享。最后一次活动提前告知组员活动还剩一次，一直到最后一次进行规范的仪式化的离别情绪处理，让组员能顺利地收获成长，结束小组工作。从活动的细节上看，从签订契约、制定规范，到每次小组活动的热身活动设置，对上次活动的回顾以及每个活动环节之后的引导分享和总结，处处体现了社会工作者在小组活动中的规范性，是一个完整的标准化的小组介入过程。

在活动的形式上，社会工作者的多元化设计很好地保证了组员参与活动的积极性，在6次活动中，有各种贴合主题的小游戏，有角色扮演和情景模拟，也有心理咨询师的现场咨询和示范。这些紧扣主题多元化的设计对吸引小组成员的参与和最大化的发挥小组的作用具有重要意义。

由于小组模式的设置是治疗模式，因此小组的主要目标还是定在对组员情绪问题的干预上，这样小组采用了艾利斯的理性情绪ABC理论和情绪管理ACE理论作为小组的主要理论依据。在小组具体活动中，社会工作者对ABC理论的运用比较到位，把握住了理性情绪疗法的关键环节，让组员体会情绪问题的运作模式是由诱发事件A在经过个人信念B的理解和判断后才得到情绪的结果C。在学习和运用ABC理论对组员自身情绪问题进行治疗的过程中，社会工作者很好地运用了家庭作业的技巧，每次都会在小组活动结束时布置家庭作业，让组员在小组活动之外有一个自我体会和反思成长的机会，而家庭作业的设置也是理性情绪疗法的一个重要环节。第5次活动中的放松训练，则是对合理情绪疗法的有效补充和配合。通过对不同情景的放松训练，让组员学会如何让自己在特殊情绪状态下放松下来，这在情绪管理和控制中是非常重要的环节，然后再配合ABC理论的理解和自我分析，才能有效地实现自身的情绪管理和非理性信念的改变。

在小组活动过程中，社会工作者在第2次和第3次小组活动中，两次让组员对自己的情绪打分，对组员的情绪状况尤其是自我感受状况进行量化呈现，这不仅让社会工作者对小组成员的情绪状况有更直观的了解，而且也让组员对自身以及其他组员的情况状况有一个直观的认识，对接下来参与小组活动并实现改变打下基础。另外，这种量化的评分，也为小组结束之后的效果评估打下基础。而在第3次活动中通过心理咨询师的现场面询，并让服务对象观摩面询过程，对组员而言这是非常好的现场示范，通过这种示范把小组真正变成一个治疗的场域和工具，组员在小组中就能体验到如何学习和处理自身的情绪问题。

最后的小组评估也让人眼前一亮，从服务对象的满意度评估到过程评估和成效评估，比较全面地实现了评估的真正效果，有量化的数据和服务对象的真实反馈作为依据。每个评估环节都能做到全面和合理。例如，在过程评估中对活动的时长和具体活动内容进行评估，75%的组员认为活动设计“很合理”。这种评估的方法和评估结果呈现的方式对很难量化服务效果的社会工作来说是难能可贵的，可见社会工作者的用心和扎实的基本功。

从小组的提升角度来看，本案例在以下几个方面仍有改变和提升的空间。首先，小组活动的次数偏少，可以适当地延长服务周期。作为治疗性的小组，在小组活动的设计中是计划用理性情绪ABC理论和情绪管理ACE理论，作为重要的理论指导来促成小组成员的情绪管理能力。但直到小组的第4次活动才提到ABC理论，而且对该理论的运用上没有真正展开，只停留在理论概念表面，而在第4次活动中则设计了一整节的放松训练，然后就是最后一次活动了，这样紧凑的安排不能给组员足够的时间去体会和学习用理性情绪疗法来感受自己的非理性信念，也无法去学习如何与非理性信念进行辩驳以逐步建立合理化的信念。从时间上来看，如能针对ABC理论情绪管理ACE理论增加两次体验式的学习和分享活动，小组服务将会有更好的效果。

其次，小组目标的设置方面，虽然分出了总目标和具体目标，但总体来看，具体目标再具体一点可能就更好了。总目标的设计总体来说比较全面地呈现了小组目标，但在具体目标设置上，过于概化的表述，没有很好地体现出具体化和可操作性。在具体目标的设置上，如能体现出一定的逻辑层次，即在不同的小组阶段要实现的递进性的阶段目标，会有效地引导小组活动的过程，更好地实现从初期开始到中期转折再到后期的成熟和最后的结束的、完整的、有内在逻辑关系的循序渐进的发展过程。

再次，在小组活动过程中曾经两次让组员对自己的情绪状况进行打分，如能用更加标准化的一个量表进行测量，则会有更好的效果，更能直观地呈现小组成员的情绪状况。比如用“情绪自我评定量表”这类规范化的量表来多角度呈现组员的情绪状况。只是简单地给自己的情绪打分，缺少具体指标，每个人对自己的情绪状况的好坏评价维度可能不一致，导致打分在横向对比缺少可比性。因此，在这样的量化数据基础上的服务介入在合理性和科学性上有一定的缺陷。

最后，本案例的一些撰写细节有些不足。比如，对理论依据的表述不够，并没有对理论进行有效的诠释，也没有写清楚该理论是如何指导小组活动的，一般在理论基础的表述上要表明该理论与本次小组活动的关系，为什么选用该理论指导本小组。在活动过程中，没有在具体活动环节呈现小组活动的细节。每次活动中的每个小活动以及讨论分享的时长，以及每个小活动的目标和具体内容都没有呈现出来。如能呈现出这些细节，会让本案例更加全面完整，而在计划书中呈现这些细节对活动效果也有很好的促进作用。

综合来看，本案例是一个成功的小组服务案例，在实务领域中能够将一个服务过程做到这样的规范和标准是很难得的，而在小组服务的评估中也能看到，大部分服务对象对活动过程和效果满意，而且对类似小组活动的继续开展所有组员都表示了期待。通过一个小组就能让这样一群特殊的服务对象充分认可并期待社会工作者的服务，这也正是社会工作者的魅力所在！

附录1

承诺书

我自愿加入××新区、××街道、××镇联合举办的“心灵氧吧”情绪支持小组。希望通过参加小组活动，能够认识自我情绪，掌握自我调节情绪的方法，从而提高自我调节情绪能力，达到更好去融入社会。

作为小组成员，我愿意遵守以下规则：

1. 参加每次活动，不迟到，不早退；若有事提前请假。
2. 遵守保密原则，小组内发生的事实绝不在小组外泄露。
3. 尊重其他小组成员。
4. 不攻击或者贬损任何成员。
5. 完成小组交给的任务，积极参与每次活动的主题讨论。
6. 小组成员共同达成的其他规则。

承诺人签名：
年　月　日

附录2

问卷调查表

为了解和掌握“心灵氧吧”情绪支持小组活动开展的情况以及参与活动小组

成员的反馈意见，以便我们更好开展今后的活动，请您回答以下问题，谢谢合作！

1. 您认为小组活动的内容安排__________

A. 很合理　　B. 合理　　C. 一般　　D. 不合理

2. 您认为小组活动的气氛__________

A. 非常好　　B. 比较好　　C. 一般　　D. 沉闷

3. 对于每次活动时间（约90分钟），您觉得__________

A. 合适　　B. 太长　　C. 太短

4. 您对以下哪些活动内容印象较深（可多选）__________

A. “我的情绪”　　B. “关于情绪录像”

C. “半杯水”　　D. “优点大轰炸”

E. “关于乐观的内容”　　F. __________（可自行填写）

5. 参加活动后对您是否有启发__________

A. 很有启发　　B. 有所启发　　C. 一般　　D. 无启发

6. 您认为指导者的表现__________

A. 非常认真　　B. 较认真　　C. 一般

7. 您是否希望小组活动继续举办__________

A. 是　　B. 否　　C. 无所谓

8. 请您给小组活动这个项目打分（满分10分）__________

9. 请简单列举您参加“心灵氧吧”情绪支持小组活动的收获。

10. 对“心灵氧吧”情绪支持小组项目今后的开展，你有哪些宝贵意见？

成员签名__________

从“海星”变身“拾星者”的奇迹

——自强涅槃重生同伴辅导教育小组

上海市自强社会服务总社　叶　雄

一个年轻人到海边散步，沙滩上有不少的海星。年轻人不忍海星枯死，于是他把海星一一捡起，放回大海。一位路人嘲笑他：“留在沙滩上的海星那么多，你救得了多少呢？不如让它们自生自灭算了！”

年轻人回答说：“虽然我不能救回所有的海星，但是对每只被放回海里的海星来说，这就是一个生存的机会！”

我曾经就是一只遗落在沙滩的海星，被一双温暖的手放回了大海，获得了重生。于是，希望自己也能成为一个“拾星者”……

一、案例背景

2005 年，上海市自强社会服务总社开始尝试同伴教育，选择曾有过 10 年药物滥用史的我以同伴辅导员的身份登上了社会工作的舞台，开始了社区康复领域的同伴教育实践。

工作中发现一些与我有相同愿望的同伴：希望自己康复后，也去帮助同伴。我萌发了建立小组的想法。在有关领导与专家老师的指导下，2006 年年初我着手编写《自强同伴自助小组操作手册》，9 个月后完成了该手册的初稿。与此同时，在有关社会工作者的支持下寻找有帮助其他同伴意愿的，具备一定的沟通、写作能力，家庭支持系统较好的康复人员，通过个案服务进行早期的小组招募，形成了小组的雏形。

2007 年，在上海市自强社会服务总社的支持下，经研讨，“同伴自助小组”被定性为“同伴辅导教育小组”，在原先的策划书中加上了同伴辅导技能的培训内容。同年 7 月，以培养同伴辅导员为主要目的的“自强涅槃重生同伴辅导教育小组”正式成立，经过筛选的 10 名康复者成了小组的成员。

二、案例分析

（一）组员个人层面的优势

（1）对毒品危害的了解，有戒毒的愿望。

（2）整体康复情况较好，5 名组员认定戒断。

（3）70% 的组员回归社会时间较长。

（4）就业人数比例达 70%。

（5）80% 的组员家庭支持系统完善。

（6）觉得对自己的生活有能力控制。

（7）有一定的写作、表述和文字能力。

（8）认同团队精神，需要归属感。

（9）认同助人的信念和价值。

（10）明确、认同小组的使命和任务目标。

（11）关注自己的精神需求和心灵健康。

（12）有帮助其他同伴的共同愿望。

（二）组员社会层面的优势

（1）专业社会工作者的介入和服务。

（2）自强总社“同伴教育”理念的支持。

（3）大多数组员有较好的家庭支持系统。

（4）来自群体内典范的正性影响。

（5）社会大环境对药物滥用人员观念的改变。

（6）部分组员有健康的朋辈群体支持。

（三）组员个人的需求和困境

（1）如何应对高危情境。

（2）如何延长操守期。

（3）如何提高助人能力。

（4）如何将助人的愿望变为行动。

（5）如何使生活方式得到改变。

（6）如何解决部分组员的就业问题。

（7）如何正视社会的偏见。

（8）如何消除因舆论导向产生的心理压力。

（9）如何处理可能出现的交叉感染问题。

（10）如何打消家人的顾虑。

（11）如何建立新的朋辈群体。

（12）如何解决同伴交叉感染和互相支持的矛盾。

三、服务计划

（一）小组名称

“自强涅槃重生同伴辅导教育小组”。

（二）小组理念

1. 小组理论基础

RTSH——康复治疗自助小组模式（Recovery Training & Self－Help Model）。其中心概念有“康复奖赏”“自我效能”“模范”等。RTSH 认为若要抗衡对药物的渴求欲，建议药物滥用人员学习回避引发“行为复发”的危机，通过参加同伴小组及社区活动，建立支持网络，预防“行为复发”，强化康复信心与希望。另外，通过参与关爱同伴和帮助他人等活动，带来满足感和心理奖赏，这类“奖赏”有助于强化药物滥用人员的康复行为，加速正常化过程和融入社会的能力。

2. 小组理念

“自助、助人、助己”。自我康复的同时去关爱、帮助同伴，在助人的过程中体现自身的价值，更好地保持操守。

3. 小组视角

从优势视角出发，把重点放在服务对象良好的品质、积极的行为上，而不是过分关注服务对象的问题和弱点。相信组员存在改变的能力和资源。

（三）小组目标

1. 总体目标

使组员在身、心、灵各方面得到完善，保持操守；灌输“自助、助人、助己”的价值观；培养更多的“同伴辅导员”。

2. 具体目标

（1）使组员能客观地看待自身的经历，减少负性情绪出现频率。

（2）通过8节活动，每人掌握2～3种防止复吸方法。

（3）提高组员的综合能力和自我效能感，掌握1种以上的同伴辅导技能。

（4）强化组员的助人动机和价值观，每个组员帮助1名以上的同伴。

（四）小组性质

1. 封闭式小组

组员固定，使组员彼此信任，对共同面临的问题进行深入的探讨，建立小组支持网络；便于对组员灌输价值观，进行系统的辅导技巧培训，完成小组目标。

2. 同质性小组

组员之间较易沟通和产生彼此的认同、理解，促使组员把自己放进“自助、助人、助己”的小组情境，分享经验并形成较高的支持。

3. 结构性小组和非结构性小组的交迭运作

基于小组的目标，将小组活动分成两块：“常规活动”和“专题活动”。在“常规活动”中，为了达到完善组员身、心、灵的目标及完成辅导技能的培训，小组目标的设定、内容与过程的安排及运作程序均由社会工作者在小组开始之前做好整体计划并按照计划予以实施。“专题活动”是针对小组生命周期中发生的一些特殊事件，如“新生日”“特别节日”或突发事件等而设置的，注重组员的自主性，活动由组员通过讨论协商来策划和主带。

（五）小组对象

1. 小组成员基本情况表（进组时）

序号	姓名	性别	年龄	文化程度	婚姻状况	滥用物质	前科情况	回归日期	就业状况	是否签订尿检协议
1	阿炜	男	25	高中	未婚	海洛因	徒刑 9 个月	2005 年 8 月	无业	已签约
2	晓晖	男	39	高中	离异	海洛因	3 次劳教	2007 年 5 月	就业	已签约
3	阿梅	女	33	中专	离异	海洛因	2 次劳教	2004 年 5 月	无业	已签约
4	宝琴	女	48	高中	离异	海洛因	3 年有期徒刑	2003 年 10 月	就业	认定戒断
5	康康	男	46	高中	已婚	海洛因	1 次劳动教养	2003 年 4 月	就业	认定戒断

续表

序号	姓名	性别	年龄	文化程度	婚姻状况	滥用物质	前科情况	回归日期	就业状况	是否签订尿检协议
6	阿明	男	48	初中	未婚	海洛因	3次劳动教养	2003年10月	就业	认定戒断
7	春华	男	45	中专	已婚	海洛因	2次劳教 1次徒刑	2003年9月	就业	认定戒断
8	青青	女	39	高中	离异	海洛因	2次劳动教养	2005年5月	就业	已签约
9	小刘	男	45	初中	离异	海洛因	6个月徒刑	2000年10月	就业	认定戒断
10	鸿飞	男	25	大专	未婚	海洛因	1年强制戒毒	2007年4月	无业	已签约

2. 小组招募

通过个案工作过程中与服务对象的沟通、商议，社会工作者推荐，服务对象主动申请。

（六）小组时间

整个过程：2007年7月至2008年9月。

活动频密度：两个月3次。

（七）小组程序

1. 小组常规活动计划

节次	主题	目标	主要内容
1	我们在这里起航	1. 消除组员陌生感 2. 了解小组的目标、性质 3. 阐明同伴教育的意义 4. 建立小组规范	1. 小组课程简介 2. 破冰游戏：握握手认识几个好朋友 3. 讲解小组规范的重要性，组员订立守则 4. 小组阅读："得与失的转化" 5. 同伴示范："告别昨天" 6. 小组练习："基线调查" 7. 同伴分享："我的故事" 8. 冥想放松练习 9. 做评估问卷、分享活动感受 10. 布置家庭作业："展望我的新生活"

续表

节次	主题	目标	主要内容
2	从困境中崛起	1. 了解情绪对身体的影响 2. 学习接纳自己和所处环境 3. 学习善用情绪引线 4. 接听热线的基本技能	1. 家庭作业分享 2. 小组阅读：“放下” 3. 同伴示范：“如何善用情绪引线” 4. 小组练习：“我的自画像” 5. 同伴分享：“自我探索” 6. 冥想放松练习 7. 辅导技能培训：“如何接听热线” 8. 做评估问卷、分享活动感受 9. 布置家庭作业：“写给自己的话”
3	自我升华	1. 帮助组员认识自己的力量 2. 提升小组的积极趋向 3. 学习“同伴教育”的理念	1. 家庭作业分享 2. 小组阅读：“你不能，但你可以” 3. 同伴示范：“在我戒毒的日子里” 4. 小组练习：填写问卷——《自我升华表》 5. 小组分享：“我的重生” 6. 冥想放松练习 7. 辅导技能培训：“什么是同伴教育、价值” 8. 坚定信念训练：“我们的信念” 9. 本节评估：做评估问卷、分享活动感受 10. 布置家庭作业：“设计一张送给同伴的贺卡”
4	挑战你的思维	1. 识别自己非理性思维方式 2. 建立正性思维的方法 3. 掌握一些面谈的沟通技巧	1. 家庭作业分享 2. 小组阅读：“破折号” 3. 同伴示范：“那一次我战胜了自己” 4. 小组练习：“挑战你的思维” 5. 同伴分享：“有关正性思维的话术” 6. 冥想放松练习 7. 辅导技能培训：“面谈的沟通技巧” 8. 坚定信念训练：“我们的信念” 9. 本节评估：做评估问卷、分享活动感受 10. 布置家庭作业：“有效拒绝毒品的几个技巧”

续表

节次	主题	目标	主要内容
5	为了明天，我们承诺	1. 澄清并设定训练目标 2. 了解自己的矛盾心理 3. 如何进行提前介入的培训	1. 小组朗读："我们的信念" 2. 家庭作业分享 3. 头脑风暴："如何停止对毒品的渴求" 4. 同伴示范："重拾飘逝的灵魂" 5. 同伴分享："我的康复一二事" 6. 冥想放松练习 7. 辅导技能培训："怎样给所内的同伴写信" 8. 坚定信念训练："为了明天，我们承诺" 9. 本节评估：做评估问卷、分享活动感受 10. 布置家庭作业："我的康复故事" 11. 小组合唱：《阳光总在风雨后》
6	让我们相信改变	1. 自我改变可行性的探索 2. 制订一个短期的改变计划 3. 学习"同理"的技巧	1. 小组朗读：《我们的信念》 2. 作业分享 3. 小组阅读：《拾星者的故事》 4. 同伴示范：《将"改变"写进康复字典》 5. 小组练习："促进改变的策略" 6. 同伴分享："我康复中最成功的一次改变" 7. 冥想放松练习 8. 辅导技能培训："同理"的技巧 9. 坚定信念训练："让我们相信改变" 10. 本节评估：做评估问卷、分享活动感受 11. 布置家庭作业："我的改变计划表" 12. 小组合唱：《同一首歌》
7	感恩——心灵的源泉	1. 学习善和爱的理念 2. 有关倾听技巧的培训 3. 对组员预告小组即将结束	1. 家庭作业分享 2. 小组阅读："凡事感激" 3. 同伴示范："请允许我说声：谢谢" 4. 小组练习："当你只剩下一个月的生命" 5. 同伴分享："当你只剩下一个月的生命" 6. 辅导技能培训："倾听的5个层次" 7. 放松练习：合唱《感恩的心》 8. 坚定信念的训练：《我们的信念》 9. 本节评估：做评估问卷、分享活动感受 10. 布置家庭作业："感谢小组让我获得成长"

续表

节次	主题	目标	主要内容
8	点亮生命，放飞希望	1. 处理组员的离组情绪 2. 强化同伴支持的效应 3. 商议如何开展同伴辅导	1. 小组朗读：《我们的信念》 2. 总结回顾：PPT 演示“我的小组，我的家” 3. 同伴分享：“感谢小组让我获得成长” 4. 小组游戏：“我的祝福” 5. 真情一刻：小组全体成员话别 6. 本节评估：做评估问卷、分享活动感受 7. 告别仪式：“放飞希望” 8. 小组合唱：《明天会更好》

2. 小组“专题活动”策划

活动节次	活动日期	活动主题
1	2007 年 4 月	“今天我一岁了——阿炜新生日聚会”
2	2007 年 8 月	“好男儿生日会”
3	2007 年 9 月	“特殊的教师节”
4	2007 年 10 月	“健康体检伴我行”
5	2007 年 12 月	“谢谢你的爱”
6	2007 年 12 月	“欢乐之夜”
7	2008 年 2 月	“新年的祝福——小组年夜饭”
8	2008 年 3 月	“3·8 聚会——欢迎我们的新媳妇”
9	2008 年 4 月	“相约新生路”——鸿组员生日聚会
10	2008 年 5 月	“有多少生命可以重来”
11	2008 年 6 月	“人生健康之路”
12	2008 年 6 月	“用奉献诠释生命中的真爱”
13	2008 年 7 月	“让我们为自己骄傲”
14	2008 年 7 月	“我和小组一起成长”

四、实施过程

（一）从康复步入净土——生命的邂逅

1. 工作手记

（1）在小组第一阶段，社会工作者最重要的目标就是有效地开始小组，设法营造出令组员感到安全、温馨的小组氛围。

（2）进行组前个别会谈，预估组员的顾虑，让他们对小组的目的与运作方法有所了解，增加对小组的认同。

（3）认真选择活动场所，精心布置会场，注重音乐的选用、视觉色彩的考虑等。准备活动所需用品和辅助工具，设定各类小组表格。

（4）留意自己的言行，向组员传递亲切而积极的态度，表示尊重与接纳。微笑、自我介绍时尽量个性化，在参与式分享过程中，带头做分享。

2. 活动场景

通过暖身游戏消除陌生感，用聚焦问题——我们为什么来到小组，引发组员的思考，从生理入手让组员了解自己的生理、情绪状态。

（1）通过阅读：《得与失的转化》《放下》，鼓励组员尝试以得失转化的眼光来看待自己的人生历程，接纳自己和所处环境。

（2）通过同伴示范员讲述：《告别昨天》《如何善用情绪引线》引导组员说出《我的故事》，获得组员间的共鸣和支持。

（3）运用“基线调查”“我的自画像”等小组练习，让组员了解情绪对身体的影响。

（4）通过放松练习，来感知身体的一些变化，学习些康复技巧。

（5）布置家庭作业《展望我的新生活》《写给自己的话》引导组员进行自我对话。

（6）“如何接听热线”的辅导技能培训，让组员产生兴奋和惊喜，了解到通过电话沟通，可以进行心瘾复发的危机干预和一些接听电话的礼貌用语。

3. 阶段收获

在小组的最初，由于共同的目标让组员带着康复的愿望步入小组这块温暖的“净土”，组员们很为自己是小组的一员而欣喜，对小组很认同，非常珍惜彼此的缘分，他们说希望在这里邂逅生命中的坚定和真诚，找到“回家”的路，体验“家”的温馨，找到可以说话的人。

知识链接

放松疗法

放松训练作为一种专业的心理治疗方法，是按一定的练习程序，学习有意识地控制或调节自身的心理、生理活动，以达到降低机体唤醒水平，调整那些因紧张刺激而紊乱了的功能。一个人的心理反应包含“情绪”与“躯体”两部分，如果能改变“躯体”的反应，“情绪”也会随着改变。但很多时候情绪不易被个体控制，但躯体可以通过自我的意识控制而慢慢放松下来。“放松疗法”就是通过意识控制使肌肉放松，同时间接地松弛紧张情绪，从而达到心理轻松的状态。

（二）从地狱返回人间——灵魂的救赎

1. 工作手记

（1）这个阶段，社会工作者要努力地创建小组信任的氛围。哥尼（Corey，1987）认为假如小组没有信任，小组的互动会很表面化，自我探索不会出现，小组的运作会出现障碍。

（2）帮助小组建立自我表达的氛围和渠道，协调组员关系，学会平等、和谐地相处。

（3）不要求组员轮流发言。这种处理手法，不会徒增组员的紧张和压力，组员被要求勉强表达时，可能只是应付性的发言。

扩展阅读

小组氛围

小组氛围是小组中最关键的一个要素，在小组工作中，良好的小组氛围不仅是小组动力的体现，对小组动力形成也有很好的促进作用。小组工作的重点是运用小组动力，通过小组这个“场域”来启发组员思考，促进组员互动，帮助组员成长。而小组氛围的好坏直接影响到小组这个“场域”内的动力水平，进而影响到组员的互动层次和效果。良好的小组氛围不仅受到小组规范的有效性、组员间的信任程度以及组员同质性水平等因素的影响，也会因不同的小组发展阶段而有所不同。即便如此，小组氛围也可以通过一些有针对性的小组活动来进行营造，在小组工作实务中，小组工作员要对小组氛围有敏锐的察觉能力，根据不同阶段的小组工作需要，灵活调节小组氛围。

2. 活动场景

（1）帮助组员《挑战非理性思维》，列出常见的非理性思维方式，组织讨论、识别并进行对质，让同伴示范员与大家分享一些正性的思维方法，因为看到同伴的成功表现以及可供模仿的行为越多，组员们就越有可能经过练习，提高自我效能感，鼓励学员实践正性的思维。

（2）通过讨论《有关正性思维的话术》，阅读《破折号》《我不能，但我可以》等励志的诗歌，填写《自我升华表》，与同伴示范员分享《那一次我战胜了自己》《在我戒毒的日子里》等心情故事，头脑风暴“如何停止对毒品的渴求”，家庭作业“有效拒绝毒品的几个技巧”等系列的训练，澄清了组员的认知，加固了心理卫生的防线。

（3）介入坚定信念的训练，导入有关诚信、责任等理念和对亲情的反思，引领组员作出“为了明天，我们承诺”的保证。

（4）进行“什么是同伴教育”“访谈技巧”等辅导技能的培训，让组员掌握一些助人的技能。

3. 阶段收获

提升了小组的积极趋向，组员之间产生了彼此的信任，增强了小组的凝聚力；通过认知行为治疗，挑战不良思维，组员掌握了几种高危情景的应付方法，制定了自我升华的策略，对如何延长操守期等问题找到自己的方法。

组员通过学习努力提高助人能力并将助人的愿望变为行动。

（三）从苗圃变成森林——价值的栽植

1. 工作手记

（1）这个阶段，小组的动力和凝聚力已经产生了，组员会对小组投入，社会工作者要保护好小组的功能。

（2）对组员灌输价值观时要注意不要介入自身的道德评判标准。

（3）处理好组员的离组情绪。由于在小组中获得的种种支持、彼此的肯定和认同，往往是组员现实生活中所欠缺的，对组员因分离而产生的伤感，要表示理解。

（4）对组员作出的努力表示感谢。

2. 活动场景

（1）通过朗读诗歌《凡事感激》、讲述《拾星者的故事》、小组练习“当你只剩下一个月的生命”“改变计划表”、坚定信念的训练《让我们相信改变》、同伴示范员讲述《将“改变”写进康复字典》的故事、家庭作业“促进改变的策略”、小组分享“我康复中最成功的一次改变”等内容，为组员注入了助人理念并使组员们认识到在帮助他人的同时自己也得到成长和获得帮助，引发了组员对生命的思考及自我改变可行性的探索。

相关链接

同伴教育

同伴教育主要指利用年龄相仿、知识背景、经历、兴趣爱好相近的同伴、朋友对服务对象提供指导、意见和建议。同伴群体作为和服务对象同质性较强的群体，在进行同伴教育时比较容易被接受。尤其对一些身份敏感、特殊的服务对象而言（比如吸毒者），他们很难建立起对专业人员的信任和合作关系，但对同伴教育则比较容易接受。同伴教育除了接受度比较高之外，在效果上也具有独特的优势，因为同伴教育的服务提供者自己的经历本身就是一种教育，他们对自己走出困境的经历进行的分享和交流也比较具有可操作性和有效性。

（2）通过 PPT 演示《我的小组，我的家》、分享写给小组的一封信《感谢小组让我获得成长》、游戏“我的祝福”、告别仪式“放飞希望”等形式，帮助组员进行回顾，对组员所作的努力给予肯定，对未完成事项进行检视，引导组员尽情表达对小组终结的个人感受。

（3）进行了有关“同理的技巧”、“倾听的五个层次”等辅导技能培训，为组员今后开展同伴辅导提供了专业的支持。

（4）邀请了有关的专家和领导对组员进行了考核与评估，形式为：组员作演讲和专家提问。

3. 阶段收获

较好地解决了交叉感染和互相支持的矛盾，组员没有因为交往而复吸，有的组员还复制了社会工作者的一些方法，在组员间传递支持和关心。

组员明确、认同小组的使命和任务目标、同伴支持的效应，商议如何运用小组的资源和所学到的辅导技巧，开展同伴教育。

（四）从小组走向世界——人生的飞跃

2009年2月27日，小组作为社区康复的模式向“上海万国禁烟会”展示。小组成员以健康、自信的姿态展示了重获新生后的风貌，友好、坦诚地与联合国禁毒署官员进行了对话，赢得了领导和媒体的高度评价。

五、案例评估

（一）成效概述

小组共完成了8节“常规活动”、14节“专题活动”，其中作了6次同伴辅导技能的培训和同伴辅导员的技能考核。

组员能正确面对自己的过去，学到了一些防止复吸技巧，80%的组员保持了操守；家庭和社会功能得到修复；怀有感恩之心，心理状态趋向积极乐观；改变了原来的生活方式。在“情系四川”

的活动中，小组捐款近5000元，一人作为上海市专职防疫人员赴川援助。

组员的辅导能力得到提高，具备了一定的辅导技巧，如面谈技巧、写作能力等。

通过灌输价值观和开展助人活动，体现了组员自身价值，9名组员通过了同伴辅导员的技能考核。

（二）小组特色

1. 目标设计合理

除了有可操作性和可行性外，还具有可测性，同时两大目标相互作用，形成了小组动力。

2. 活动内容具有可复制性和功能性

有坚定信念和防复吸技巧的训练以及同伴辅导技能培训、放松练习和家庭作业等内容，注重组员身、心、灵的完善。

3. 开展专题活动是本小组的另一特色

形式丰富、充满灵动与人性化的专题活动在不打乱原定小组计划基础上，增强了组员的参与度，效果较好，对小组工作开展进行了新的尝试。

4. 注重小组文化建设

整个小组过程中我们创作了《我们的信念》和习得小组成员应该秉承的价值观，还运用了系列的励志歌曲、诗歌等。

本小组是社会工作者干预下的同伴活动，同时充分发挥了组员自身优势和解决问题的能力，活动的策划和主带都是由康复人员完成和担当的。自创、自建、自筹资金也是小组的特色之一。

（三）组员操守及生活状态变化的记录

序号	姓名	性别	年龄	文化程度	婚姻状况	康复情况	操守时间	就业状况	技能培训考核	备注
1	阿炜	男	27	高中	未婚	认定戒断	3 年以上	就业	优秀	单位文体积极分子
2	晓晖	男	41	高中	离异	复吸		就业		强制隔离戒毒
3	阿梅	女	35	中专	已婚	认定戒断	5 年以上	无业	优秀	有了宝宝，做妈妈了
4	宝琴	女	50	高中	离异	认定戒断	5 年以上	就业	优秀	2008 年单位先进个人
5	康康	男	48	高中	已婚	认定戒断	5 年以上	就业	优秀	2008 年市优秀禁毒志愿者
6	阿明	男	50	初中	已婚	认定戒断	5 年以上	就业	优秀	2008 年单位先进个人
7	春华	男	47	中专	已婚	认定戒断	5 年以上	就业	优秀	2008 年单位先进个人
8	青青	女	41	高中	离异	复吸		就业	优秀	强制隔离戒毒
9	小刘	男	47	初中	离异	认定戒断	8 年以上	就业	优秀	区防疫站先进个人
10	鸿飞	男	27	大专	已婚	已签约	2 年以上	就业	优秀	就业并在专升本

注：10 名组员保持操守 8 人，2 人复吸，操守率 80%；3 人成家；新增就业 1 人。

（四）同伴技能培训任务完成情况

任务	完成程度	评分
接听热线的技巧	完成热线服务宗旨、分类和内容的培训及情景模拟	4
讲述“同伴教育”的理念	阐述“同伴教育”的概念、作用及价值	5
面谈的沟通技巧培训	作了有关同伴辅导面谈话术的培训及角色扮演	5
怎么给所内同伴写信的培训	说明提前介入的作用和怎么给所内同伴写信	5
学习“同理”的技巧	讲解“同理”的概念和并进行分享	5
关于倾听技巧的培训	讲述倾听的5个层次	4
完成任务情况93%	计算公式:28/30(满分)×100%	28

（五）组员同伴辅导成效

内容	具体成效	备注
“星火计划”	社会面辅导：28人　提前介入辅导：9人	有个案辅导、带领小组共帮教：37人
“同伴信箱”	共通信：122封	开展提前介入，给所内同伴提供帮助
“同伴之窗”	发表文章：25篇	在相关媒体发表各类文章
“禁毒宣传”	参与活动：约35次	媒体宣传、演讲、上课等形式
“同伴之音”	接听电话：约70人次	为求助者提供戒毒咨询服务

（六）组员满意度调查问卷汇总

请在下面你认为合适的答案上打钩

1. 你对小组整体设计的总体评价是：

（1）非常好√（全体组员）（2）好（3）一般（4）差

2. 你认为小组的活动对你有帮助吗？

（1）完全没有（2）几乎没有（3）有一点（4）肯定有√

最有帮助的是：

在助人活动中获得快乐和更好地保持操守、改变了原有的生活态度。

3. 社会工作者通过小组工作所提供的服务能在多大程度上满足你的需要？

（1）几乎满足所有的需求√（2）满足大部分需求√

（3）只有小部分得到满足（4）完全没有满足我的需求

请具体描述：

自尊需求得到了满足、有了“家”的感觉、有人关心、学到了一些同伴辅导的技巧。

4. 你最喜欢的小组活动环节是哪些？

坚定信念的训练、分享、诗歌朗读。

5. 你希望小组活动可以有哪些环节？（略）

6. 如果你的同伴需要帮助的话，你会向他推荐我们的小组活动吗？

（1）肯定不会（2）大概不会（3）也许会的（4）肯定会的√

7. 你对本小组的建议：（略）

六、专业反思

（一）小组亮点

（1）很好地处理了药物滥用人员的交叉感染问题，打破了一些传统的观念，引导组员将可能造成的交叉感染问题变成了相互支持、彼此督促的资源。

（2）对小组成员进行价值观的灌输和增能训练能提高他们的自我评价，在助人的过程中更有利于组员保持操守和完善社会功能。

（二）小组反思

（1）两名组员复吸，说明对一个有特殊目标的小组来说，应制订相应的组员招募要求和规范招募程序。

（2）小组活动的频密度有点拖沓。

（3）对同伴技能的培训效果和实际操作能力的跟进不够。

（4）对同伴辅导员今后如何开展工作缺乏相应的具体操作计划、激励机制和督导制度。

（5）忽略组员个人目标的制订。

（三）工作感言

药物滥用者可以通过观察和模仿已成功戒毒同伴的行为，形成新的行为方式，导致其相关态度、信念和行为的改变。

对人的尊严和能动性给予充分的肯定，同时灌输新的价值观，能转换成康复的动力并有助于恢复社会功能。

提高药物滥用群体互相帮助的能力，在社区戒毒康复中发挥同伴教育优势，可以壮大康复者队伍。

如艾鲍尔指出的那样：“在辅导的过程中，辅导员能够带进辅导关系中最有意义的资源，就是他自己。”

作为一名来自药物滥用群体的社会工作者，这份工作给予自己的“殊荣感”给我带来了极大的工作激情和创造力，这是用生命影响生命的事业，用真情激活灵魂的善举，我会为之奉献我的所有。

（四）组员感言（节选）

小组让我成了“拾星者”，我实现自身价值，是保持操守的良方。

我喜欢“自助、助人、助己”的理念，在帮助他人的同时帮助自己。

我珍视现在的一切，自信地活着、帮助同伴，因为付出而收获生命中的甘甜。

小组是我们的家，我们要好好爱护它。

感谢小组让我学会欣赏自己，学会在助人中获取快乐。

我就是你们的榜样。

学会感恩，我的内心充满安宁和祥和。

我活到现在，在小组里写的字是最多了，谢谢小组让我知道：自己很棒。

（五）后记

一个“拾星者”的故事，就这样打动了我、打动了我的同伴，在我们的人生目标中写下了一个美丽的愿望——做一名“拾星者”。

阿炜对我说：“叶老师，我曾经就是您放回大海的海星，骄傲的是如今我也成了拾星者。”

“母亲节”我收到了一份礼物——用海星形状的贝壳串成的项链，海蓝色的礼盒里躺着一张小卡片，上面写着：愿“同伴教育”能串起更多的“海星”，连成一条条好看的“项链”。

“牵手之盟”游戏中，春华在画好自己手形后，写上了“这是一双拾星者的手……”

案例点评

“拾星者”的故事是很多社会工作者刚入行时最常听到的故事之一，一个简单故事背后体现了浓浓的人文情怀和对生命的敬畏，这也很好地诠释了社会工作精神。本案例中，故事是从“海星”蜕变成

"拾星者"，曾经的受助者成为助人者，这个转变则进一步诠释了社会工作"助人自助"的理念和用生命影响生命的过程。

本案例的服务对象为已经戒毒的社区康复者，而这些康复者有的受到过或轻或重的刑罚，但他们都有了较长时间的毒品戒断史。面对这样一个群体组织——一个同伴辅导教育小组，虽然有很大的挑战，但其因同伴组员和小组工作员的同质性所能给小组和组员带来的小组认同和小组动力，也是其他类型的小组所无法比拟的。本案例中的同伴小组不仅是通过小组让组员获得自身改变和成长，更是在小组中增加了同伴辅导技能培训的内容，通过小组培养更多的具有一定同伴辅导技能的同伴辅导员，这进一步让同伴辅导教育小组的主题得到升华。

由于该小组从设计到具体实施的过程中社会工作者只是在指导，以组员为主，充分地让组员参与，很好体现了组员的自主性，也极大地调动了组员的内在动力。但这类小组往往在理论性和专业性上稍有欠缺，比如本案例中的小组理论基础部分，只用了康复治疗自助小组模式作为指导理论，虽然非常贴合小组的性质设定，但只有一个理论作为指导，对整个小组活动而言是有些单薄的。就本小组而言，可以考虑人本主义、认知行为以及小组动力等理论的指导作用，而从案例的表述上看，可以把优势视角也整合到理论支持的部分来表述。

对于一个由戒毒康复成员组成的同伴小组，组员的招募和选择要格外小心，因为这样的小组中避免交叉的问题是要时刻关注的，因此在组员的招募上最好能设定一定的组员筛查标准，以避免个别组员的不良观点和行为对其他组员造成负面影响，这一点从本案例的组员招募和组员的构成来看，整体处理得很好，但缺乏一个统一的招募标准。在小组的设计上，目标的制订非常专业，总体目标符合小组设计，为小组指明的方向，具体目标清晰、具体，贴合组员需求，具有很强的可操作性。另外在小组设计中把结构性的小组活动和非结构性的专题活动相结合，也是本小组设计的一个亮点，通过专题活动能增加小组活动之外的组员交流，配合不同的主题，更能提升结构化的小组成效。

在小组活动的实施中，每次小组活动都安排了冥想放松练习，这种放松方法的训练在这样一群组员中非常实用也非常有意义，通过放松练习能让组员放松下来以更好的身心状况投入到小组活动中，也有利于营造小组氛围，帮助小组成员打开心扉，探索自我，分享成长。同时，也能帮助组员在小组之外学会一种调整自己情绪的方法，帮助他们在面对压力和困境以及不良情绪时能够用这种方法来放松自己，调节情绪，这对戒毒康复者来说也是非常有意义的。每次小组活动都安排了家庭作业的环节，这些家庭作业既有自我鼓励和自我探索的部分，也有帮助小组一起探索实用的戒毒技巧的部分，而且不同的家庭作业之间是一个递进的过程，在不断深入地去自我认知，自我体验，自我反思，自我进步，有效地提升了小组效果。

作为一个同伴教育小组，除了组员的个人体验和成长，小组还担负着培训同伴辅导技能，培养同伴辅导员的任务。这些工作技巧的培训穿插在不同的小组活动中，从易到难，培训组员最基本的同伴辅导理念和技能，而小组也为学习和演练这些基本的技能提供了一个很好的平台，这为同伴辅导的长远发展打下基础，也是很好的一种良性循环。

在小组活动的细节上，小组工作员有一些亮点让人印象深刻，作为组员为主导的自助性同伴教育小组非常难得。首先一点是强调了价值中立和不批判，这对组员来说非常重要，有效地避免了对组员的伤害，也保障了小组分享的真实性和深度。而在具体操作技术上，组员分享环节不让组员轮流发言，而是根据现场的小组动力合理地引导小组分享，这也是非常难能可贵的。如果安排小组成员轮流发言，不仅对小组成员来说是一个压力，也会导致组员间相互影响，不利于小组走向互信和深入。

就小组活动设计的整体来看，活动次数设计合理，不同的活动之间衔接较好，而且层层深入，能很好地体现出小组的不同发展阶段，尤其值得称赞的是每次活动都能很好地回应小组目标，这在小组工作实务中是非常重要的。另外一点做得比较好的是，小组的开始和结尾处理得比较好，开始阶段的破冰和订立小组规范，以及结束阶段的离别情绪处理和总结成长、收获都设计了很好的活动，处理得很巧妙。而小组中对小组体验和小组效果的评估所涉及的一些问卷也是本小组的一个亮点，这些问卷在小组中和小组之后都有使用，通过问卷内容能看到小组对组员需求的关注，随时了解组员的满意度和需求，而且在效果评估阶段也能直观地呈现量化的评估数据，具有很高的可信度和参考价值。但也有一些部分的处理不够合理，尚有提升的空间。首先，每次小组活动的设计的内容过于丰富，每次都有太多的活动，而且每次小组中不同的活动之间的衔接性不强，这样容易导致小组活动过于烦琐，让小组显得拖沓，缺少重点。每次活动都设计这么多小环节在时间上也很难把握，每个活动都很好地完成会导致时间过长，组员很难一直保持较好的专注力，如果照顾组员的感受，缩短时间，则会让很多小活动浅尝辄止，很难发挥出应有的效果。其次，在具体的每次活动中，没有设计更加具体的不同环节的具体内容介绍以及时间分配，如能做到这一点，在小组中就能更有效地保证每次活动的效果。最后，在进行小组评估的时候更多地关注结果而忽视了过程，对小组效果的评估比较全面，但对小组过程没有进行有效的评估。

纵观整个案例，带给我们更多的是感动，从指导活动的社会工作者到每个组员，都曾经是海边那个需要救助的“海星”，而现在他们通过自己的努力，在不断地挑战自己，在自己成长的同时去努力地帮助那些和曾经的他们一样处于同样困境的人，真正创造了从“海星”到“拾星者”的奇迹！

真情拨开迷雾　服务重塑新生

——社区服刑人员李某个案分析

上海市新航社区服务总站虹口工作站　季海娜

社区服刑人员是指按照我国现行法律、法规被判定在社区服刑的社区矫正对象。按照最高人民法院、最高人民检察院、公安部和司法部联合发布的《关于开展社区矫正试点工作的通知》，对五类罪犯实施社区矫正。这五类社区矫正对象是我国司法机关主导的社区矫正工作对象，也是目前专业的矫正社会工作中最主要的服务对象。对这五类矫正服务对象而言，他们在社区内接受社区矫正是一种服刑方式，把他们放在社区环境里能更有利于他们获得家庭、社区和社会的相关支持，能更好地帮助他们回归社会。

一、背景介绍

（一）个人背景

（1）服务对象李某，男，1984 年 1 月生，初中文化程度，已婚，家住虹口区新港路街道。服务对象初中毕业后因为成绩不好没有继续升学，经别人介绍为私人老板打零工，做过饭店洗碗工、车铺洗车工等工作，因为没有一技之长，加上身材瘦小、不善言辞，所以经常失业，没有稳定的经济收入。服务对象性格孤僻、内向，独立意识较强，不喜欢别人对其管束，人际关系较为单一。

（2）案由：伙同他人在虹口、杨浦、闸北等地区 4 次盗窃轿车。窃得财物价值共计人民币 130900 元。案发后服务对象主动向公安机关自首，并协助公安机关抓获其他同案犯，有立功表现，故从轻处罚。因盗窃罪被上海市虹口区人民法院判处有期徒刑 3 年，缓刑 5 年。

（二）家庭背景

服务对象 3 岁时父母离婚，父亲在他脑海里已经没有什么印象了，母亲下岗多年没有工作，平时喜欢搓麻将。家里有套一室一厅的房子，服务对象住在厅里，母亲居住在另外一间房。服务对象靠打零工维持自己的生活，经常失业。家庭经济主要依靠母亲的男友和亲戚接济。平时家里的事情都由服务对象的舅舅说了算，其舅舅是本街道的刑满释放人员，回归社会后依然游手好闲，不久前因为在饭店吃饭不付钱并殴打他人被公安机关拘留 15 天。

（三）成长经历

服务对象年幼时父母离婚，他被法院判给母亲抚养，小时候服务对象总是看见母亲不断地更换男友，有时还把男友带到家中同居。母亲对服务对象除了让他吃饱穿暖外，很少关心他。在学校里服务对象因为学习成绩差被老师惩罚和轻视，又因为家庭原因被同学嘲笑欺负，甚至被打。在社区里，邻居时常对服务对象一家指指点点，议论纷纷。从懂事起服务对象就觉得这是母亲带给他的耻辱，经常因为琐事和母亲吵架，有一次母亲竟让当时的男友“教训”了服务对象，服务对象被打得鼻子出血，母亲也没有阻止，这种羞辱让他刻骨铭心，母子俩关系逐渐恶化。服务对象心里苦闷，受了委屈时很想得到家族中其他成员的保护和安慰，可因为母亲离婚带着他回来，经济上又要家里人接济等原因，服务对象从小在家族中被排斥和歧视，得不到家人的关心和照顾。服务对象的舅舅是家族里的主心骨，但舅舅也没有带给他父亲般的关爱和教导。在学校里服务对象经常被同学欺负，其舅舅知道这些事后不但不向学校老师反映情况，也不正确引导服务对象处理事情，而是嘲笑他是个窝囊废，连打架都不会。每年过年家里要发压岁钱给小孩，服务对象总是拿得比别人少或者根本没有。对此，年幼的服务对象觉得很委屈，向家人讨要，其舅舅居然说：“就是不给你，有本事自己去外面‘挣’，养你这种白吃饭的窝囊废有什么用。”服务对象初中毕业后一时找不到工作曾经想向家里人借钱去学驾驶开出租车，可家里人都反对，说他是个窝囊废，“到时不被别人骗，车的零件不被别人拆了卖了才怪呢!”一直到案发前服务对象都没有正式工作，只能靠别人介绍打些零工维持日常开销。服务对象因为性格自卑、内向、孤僻，在生活中没有什么朋友，打零工时认识了几个所谓的哥们儿，他们带着他吃喝玩乐，对他表示关心，有人欺负他、老板不给他工资，他们也帮他出头，这让服务对象心里很感动，真心把他们当作朋友，以至于他们叫他一起去偷车时，他虽然犹豫过，但朋友之情不能辜负，再加上他也想证明自己不是没有用的窝囊废，于是参与了偷车。另外，服务对象的女友现在已经怀孕，可因为其女友是外来妹，其母亲拒绝接纳，不同意她进门，更使本来已经近于崩溃的母子关系日趋紧张。

二、案例分析

（一）家庭问题

（1）服务对象 3 岁时父母离婚，父母离婚对儿童的心理会造成很大的创伤。服务对象从小生活在残缺的家庭环境里，本来理应受到更多的关注和照顾，但母亲疏忽对孩子的亲情教育。

（2）家庭结构混乱。母亲和男友同居，对服务对象却缺乏关爱和教育，导致应有的亲子关系疏远乃至对立，出现病态的“疏离型”家庭结构。

（3）家庭中榜样的缺失。在服务对象的成长过程中产生重要影响的舅舅没有为他树立良好的榜样，也没有对他进行正确的教育和引导，并且在管教方式上欠妥。不良的家庭环境使得服务对象对家庭缺乏归属感。

（二）环境问题

服务对象生活的小区是老旧小区，邻里之间走动频繁，对服务对象母亲的行为议论纷纷，在看待服务对象一家时带有异样的眼光，这让服务对象觉得很羞耻，抬不起头，难以做人。另外，服务对象所居住的社区位于上海市犯罪率最高的地段，周边环境复杂，对服务对象的不良行为有着潜移默化的影响。

知识链接

家庭结构

家庭结构是指一组无形的功能性需求，家庭成员借此建立他们的互动方式。病态家庭结构是结构家庭治疗中的核心概念，主要指家庭中的一些非正常的家庭互动模式。结构家庭治疗的创始人米纽钦（S. Minuchin）总结了四种最常见的不良家庭结构：纠缠与疏离、联合对抗、三角缠、倒三角。

（三）认知问题

服务对象文化程度不高，法制意识淡薄，性格内向，自主性不强，易受外界干扰，有消极的自我观念。社会工作者曾问及服务对象犯罪的原因，服务对象说只是想让舅舅和母亲看看，也想证明给自己看看，自己不是个没有用的人，可服务对象没有意识到这样做的后果的严重性。服务对象将自己的失败都归结为自己没有能力。

（四）就业生存问题

服务对象文化程度不高，没有一技之长，再加上性格内向、不善言辞，使他很难找到一份正式的工作，只能到处打零工。不断换工作，不断失业，周而复始，使服务对象对自己越来越没有信心。服务对象的女友已经怀孕，这给服务对象又增加了新的经济压力。

（五）心理问题

服务对象由于长期受到来自家人、周边环境不公正的评价和歧视，又因为在现实生活和工作中缺乏成功的体验，导致自我评价偏颇，产生了强烈的自卑心理，性格内向，忧郁、孤僻。同时，服务对象长期在压抑的环境下长大，童年、少年时期遭受的心灵创伤和对家人的憎恨在其心理上形成了一个死结，无法释怀，这又让他逆反心理增强，有时还颇为大胆，他十分渴望用成功来证明自己的价值，能得到家人和朋辈群体的尊重。这种性格的两面性和人格分裂趋势是因为被关注、被认可、被尊重的需求长期得不到满足，用逆反来掩盖内心的自卑，归根结底是缺乏自信心所致。

（六）朋辈群体的影响

服务对象因为性格内向、孤僻，没有建立正常的朋友关系。只在打零工时认识了几个所谓的哥们儿，他们带着他吃喝玩乐，对他表示关心，有人欺负他、老板不给他工资时，他们帮他出头，这让从小缺少家庭温暖的服务对象心里很感动，他真心把他们当作朋友，以至于他们叫他一起去偷车时，服务对象虽然犹豫过，但朋友之情不能辜负，再加上服务对象很想让母亲和舅舅知道自己不是没有用的窝囊废，于是稍被唆使便被人利用，盗窃犯罪。其犯罪动机盲目、模糊，只为显示自己、证明自己，不考虑后果如何。

综合上面对服务对象的几点分析，社会工作者认为导致服务对象犯罪的原因并不能简单地归结为经济原因，而是主要来自个人、家庭教育、社会环境、朋辈群体影响等几个方面。

三、服务计划

在为像服务对象这样的青年矫正服务对象制订矫正方案时，要考虑到他的特殊情况。由于他的心理发育尚未完全成熟，社会经验较少，对自己的行为可能导致的后果没有正确的预见性，其违法犯罪的原因多数是受不良的家庭因素和生活环境的影响。另外，青年服务对象逆反心理强，要运用“平等、接纳、关爱”的理念与之交流，如果一味地进行说教，非但不能取得预期的效果，还可能会适得其反。因此，要结合服务对象的心理、生理、犯罪原因等具体情况，设计一套与服务对象相匹配的、有针对性的服务方案。

（一）服务目标

改变服务对象目前的生活状况，为服务对象营造一个良好的发展环境。

1. 直接干预

（1）转变认知，包括：认清犯罪的危害，激发改善动机；正确归因，认识问题的根源；检查观念体系，转变不良价值观念。

（2）完善自我心理调控系统，包括：改善心理状况，走出心理阴影，提高自我意识水平；增强道德调节作用；树立正确法律意识。

（3）培养相关能力，包括：培养良好的沟通和协商能力；改变不良习惯，培养健康的生活方式；增强能力应对环境的变化和压力。

（4）帮助服务对象寻找合适的就业岗位。

2. 间接干预

（1）和服务对象母亲进行沟通，推动家庭关系的改善。

（2）改变服务对象的朋辈群体环境。

（二）服务策略

（1）情绪疏导。增强服务对象的自我认同感和自信心。

（2）整合社会资源，帮助对象申请补助，协助服务对象寻找就业岗位。

（3）增强服务对象自己解决困难的愿望和能力。

（4）利用社区资源介绍服务对象参加“社区青年职业规划”小

组，改变服务对象朋辈群体环境。

（5）通过家访，尝试改善母子关系，使其母亲接纳服务对象的女友。

四、实施过程

（一）以解决实际困难为契机，建立良好的专业关系

社会工作者联系街道民政等部门，整合社会资源，根据服务对象的实际情况，按时为其发放帮困补助金，让服务对象的内心感到温暖，使他能配合社会工作者的工作，有利于专业工作的介入。

帮助服务对象找到工作，使其有了稳定的经济来源，这对于预防重新犯罪，使服务对象回归社会，是非常重要的。并且服务对象的女友现在怀孕待产，急需一笔生产费用和产后的营养费，所以帮助服务对象找到一份工作是当务之急。但服务对象本来就因为自身条件所限导致就业困难，现在又在服刑，所以很多单位连面试的机会都不给他。为此，社会工作者需要帮助他：一是寻找就业岗位。社会工作者和有关劳动部门联系，根据服务对象的实际情况，特别寻找了几个适合他的就业岗位进行面试。二是进行面试技巧指导。服务对象性格内向，不善言辞，每次面试前社会工作者都会对其进行衣着打扮、谈吐举止等方面的指导。并模拟面试场景，由社会工作者扮演招聘人员进行练习，总结经验，争取提高面试成功率。三是不断鼓励，树立自信心。服务对象因为在以前的面试中失败体验较多，导致他缺乏自信。但他的长处在于诚恳、踏实、肯干，社会工作者平时对他多鼓励、多表扬，使他感到自己并不比别人差，并不断激励他："你一定能行的，一定会成功的。"

相关链接

社会排斥问题是很多矫正服务对象要面临的一个严峻考验，对矫正服务对象而言，能找到一份工作，有稳定的收入是保障其基本生活，回归社会的根本。但往往因为社会排斥，矫正服务对象被边缘化和标签化，在这样的大环境下，矫正服务对象会面临巨大的生存压力和心理压力，如果得不到足够的引导和支持，很容易再次犯罪。因此在矫正社会工作服务中，进行必要的社会倡导，减轻社会对矫正服务对象的社会排斥和边缘化，在此基础上帮助其解决生存问题，会极大地提升矫正社会工作的服务效果。

（二）增强自信心，鼓励通过自身的力量改变现状

在和服务对象的接触中，他曾告诉社会工作者："我的女友为我放弃了很多，又不嫌我穷。出事后也是她劝我去公安部门自首的，要不是她我早就被判十几年了。我想去上班，将来等赚到了钱和她一起开个小店。如果我妈和我家里人非要把我们拆散，那我也不想在社会上了，我会想办法进监狱，我的女友是我生活唯一的希望……"对此，社会工作者积极加以引导，及时找出服务对象自身和身边的闪光点，让服务对象知道他的生活中还有不少积极的因素。服务对象的个人优势在于自身还年轻，虽然目前出现了困难，但一切还不晚，还可以转变。他的环境优势在于，女友对他的不离不弃和积极规劝，有关部门对他的关心和帮助。社会工作者依据社会工作增能理论，鼓励服务对象通过自身的力量改变现状，从而使他增加了对生活的信心和解决问题的愿望和能力。

（三）疏导情绪，改善心理状况，转变错误认知

社会工作者在与服务对象建立起良好的关系并取得他的信任之后，运用了人本主义疗法，以平等的身份去关心服务对象，真诚、无条件地接纳服务对象，鼓励服务对象倾诉生活经历中的不如意，宣泄积存于内心压抑很久的负面情绪，达到心理平衡，改善心理状况。如，父母离异，自己得不到父母之爱；被人歧视；对别人的看法很在乎；爱钻牛角尖；孤僻、不合群、渴望成功却总是失败等。通过服务对象的倾诉，社会工作者发现服务对象对自我的评价很低，把以往失败的经验都归结为自己是窝囊废、没有用，毫无自信可言。服务对象的困惑是认识自我的问题，对此，社会工作者引导他大胆地面对自己、看清自己、还原自己，改变错误的内在归因的认知，形成正确的自我价值观和评价。

（四）运用社区资源，改变朋辈群体环境

除了平时对服务对象进行法制教育外，还采取让其学习先进人物事迹、阅读法律书籍、观看富有教育意义的影片等形式作为辅助服务措施，在其脑海里树立正面形象作为榜样，引导其重塑人格，走向正途。另外，社会工作者还介绍服务对象参加社区组织的“社区青年职业规划”小组。一方面，帮助他学习求职、人际关系的处理、理财等方面的技巧；另一方面，改善其交友圈，鼓励他能够认识一些友善的新朋友。

（五）改善服务对象家庭关系，助其拥有正常的生活

正如美国社会学家库利所说：家庭作为首属群体，它对个人的社会性和个人独立性的形成的影响是极其基本的和重要的。它为人们的社会化提供了最基本的条件，也为人们的社会生活提供了基本的环境，它是人们成长的出发点，也是人们奋斗的最终归宿，更是人们一生中

永远的依靠。如果家庭出了问题，家庭成员的行为往往也会因此出现各种各样的偏差。

由于服务对象的问题和他的家庭环境息息相关，因此，社会工作者将关注的重点、改变的目标放在服务对象的家庭上，主要运用“结构式家庭治疗法”，来改变服务对象目前的家庭结构，改善他和母亲的关系，从而达到服务对象的改变和问题解决的目的。

首先，改变母子之间的看法。为此，社会工作者多次上门家访，和其母亲进行交谈，告诉她关爱服务对象不仅是尽家庭的责任，也是承担社会预防减少犯罪的一项义务。并将服务对象的想法告诉他的母亲，还将他平时写的思想汇报给他的母亲看，让他的母亲了解他的想法和心结所在。社会工作者还联合居民委员会干部、街道妇联工作人员等对他的母亲进行劝说，希望她能放下成见接纳服务对象的女友。另外，社会工作者也教育服务对象要尊重和谅解自己的母亲，父母离婚后，母亲背负着沉重的生活负担，独自一人把他拉扯大是非常不容易的，平时有什么事情要和母亲多沟通，寻找合理的解决办法。

其次，要改善服务对象的家庭结构。让服务对象的母亲重新行使自己作为母亲的权利和义务，多给服务对象一点关心，少一点质疑和批评，帮助服务对象重新恢复对生活的信心。作为母亲平时应该对儿子在外面干什么有所关心，生活中在相处方式上达成共识，互相体谅，从而化解矛盾，修复亲情，增加服务对象对家庭的归属感，改善母子关系。

最后，在改变服务对象家庭环境的同时，也要改变服务对象的认知。让服务对象明白以后一切还需要靠他自己努力，社会工作者不能完全包办解决问题，而是支持他自己去认清与母亲矛盾的症结所在，让服务对象自己思考其中的原因和选择解决问题的方案。

扩展阅读

家庭环境和家庭结构对矫正服务对象有着难以估量的影响，相关调查发现，未成年人父母离异家庭犯罪率是健全家庭的4.2倍。而在矫正社会工作实务中发现，很多矫正服务对象的童年经历中都有一个不幸的家庭。尤其是离异、单亲、寄养等家庭环境中，孩子往往缺少完整的父爱和母爱，生活在其中的孩子在形成稳定、健康的性格和人格的关键时期得不到足够的关爱和引导，很容易导致性格上的孤僻、自卑、偏执和价值观上不成熟，社会交往方面也容易出问题，很难获得足够的社会支持。这样的孩子如果受到不良同辈群体的误导，很容易走上犯罪道路；另外，在面对这样的矫正服务对象时，从家庭结构的角度介入，帮其重获家庭支持，对矫正服务对象具有重要的意义。

五、案例评估

一年多来，经过服务对象本人不断地努力和社会工作者的帮助，服务对象终于面试成功，被某公司录取试用。在工作后服务对象勤奋、踏实，顺利度过了试用期，并和单位签订了正式合同，被单位分配在厨房做快餐，每月有1000多元的稳定收入，单位还为其缴纳了社会保障。服务对象很珍惜这份工作，并且在良好的环境里认识了新的友善的朋友。这次成功也使服务对象对自己有了全新的认识，他的自我价值得到了体现，使他的自信心得到了很大的提升，他坚信自己不再是“窝囊废”。通过居民委员会干部、街道妇联工作人员等多次上门和服务对象的母亲谈心，她也感到现在反对服务对象的女友进家门是不现实的，反而会害了儿子。不久，服务对象的妻子为其生下了一个男孩，全家都很高兴，有了正常稳定的生活使服务对象开朗了许多，逐渐摆脱了悲观消极的不良情绪，和母亲的关系也有所改善，其母对他的态度也发生了变化，有时还会帮助他们夫妻俩带孩子，服务对象对未来的生活充满信心。为了感谢社会工作者对他的帮助，孩子满月时服务对象送来了一些自己煮的鸡蛋，要社会工作者一起分享他的幸福和快乐。该个案还没有结案，但当初的制订的目标已基本完成，未来的生活对于服务对象来说充满了希望，但也依然充满了困难和艰辛，社会工作者将会继续跟进，一如既往地给予帮助和关心，使这条刚刚扬起生活风帆的小船，能在波涛汹涌的大海中行驶得更稳、更远。

六、专业反思

（一）家庭治疗专业手段的不足

由于家庭治疗是专业性很强的方法，要求社会工作者进入服务对象的家庭，工作开展周期较长。在日常工作中，实践运用的机会较少，而且相关专业资源匹配不足，因此，社会工作者往往停留于表象的谈话过程中，无法开展更深层次的专业活动，这在很大程度上影响了家庭治疗方法的真正实施。

（二）增加平等观念，减少社会歧视

人人都知道“人是生而平等”的这句话，但未必人人都能做到。在本案工作过程中，社会工作者为服务对象寻找就业岗位就一波三折，用人单位不是当场拒绝，就是在政审一关对服务对象关上了大门。最

后，社会工作者不得不求助街道劳动部门，为服务对象走了一次“后门”，特别提供了几个“适合他的”就业岗位进行面试。就业和生活中存在的歧视往往会阻碍社区服务对象重新融入社会的进程，对于像服务对象这样愿意真心悔过的“失足青年”，仅仅靠社会工作者个人帮助是不够的，还需要社会这个大家庭给他一个改过自新的机会，用平等、宽容的态度对待他，让他放下包袱走向未来。

（三）要对残缺型家庭的青少年给予更多关注

残缺型家庭，即离异、单亲甚至是双亲都不在身边的家庭，这样家庭的青年大多存在心理创伤和心理缺陷，他们无法享受正常家庭的温暖和关怀，过早地失去了父母的关爱，这一切严重阻碍了其健康成长，诱发了青年的违法犯罪。对于他们的帮助光靠社会工作者单方面是不行的，还需要家庭、学校、社会、政府等多方面互动。

案例点评

本案例的服务对象是因为盗窃罪被判缓刑在社区内接受社区矫正，在接受矫正社会工作服务的同时，其本身也要接受法律意义上的社区矫正即在社区服刑，接受社区矫正制度的约束。面对这样的矫正服务对象，矫正社会工作者在提供社会工作者服务的同时还要协调好和司法机关的关系，就本案而言，矫正社会工作的专业介入是服务对象社区矫正工作的一个环节。因此，矫正服务对象能否在社会工作者的专业介入下实现矫正和转变也决定了他能否顺利在社区服刑而避免被重新执行原判有期徒刑，社会工作者的介入对其具有很直接的现实影响。因此，在这种状态下的社会工作介入，在建立关系和开展矫正服务过程中社会工作者具有一定的优势。

和很多矫正工作的案例一样，本案例的矫正服务对象经历了一个悲惨的童年，破裂的家庭和不良的家庭互动模式，使其从小缺乏关爱。父母离婚后，母亲没有给其足够的关爱和照顾，而是给予了更多的指责和打骂，唯一可以依靠的舅舅自身价值观又有问题，对服务对象充满歧视和偏见。而其所生活的老旧社区属于联系比较紧密的初级社区，互相间比较熟悉，邻居对服务对象的家庭带有偏见和排斥，这更进一步加剧了服务对象的困境，导致服务对象从小就自卑、孤僻，而且还对自己的母亲和家庭充满怨恨的情绪。也正是这种一直压抑的环境导致其性格比较懦弱，虽然已经成年，在人格上依旧不成熟。这也是他能做出为了证明自己不是像家人说得那样“没有用”而参与犯罪团伙的盗车行为的一个重要原因。

处理这样的案例是非常棘手的，因为服务对象要面对的问题太多，处境太艰难，但这也是对社会工作者的挑战，社会工作者在本案例中的努力，证明社会工作者提供的服务是很有效的。在全面预估了服务对象的基本情况之后，社会工作者把握住了服务对象的几个核心问题，制订了有针对性的服务计划。在确定目标和策略时，总目标定为改变服务对象的生活状况，为服务对象创造一个和谐的发展环境，非常符合服务对象的需求，而且还区分了直接干预目标和间接干预目标，比较清晰，易操作。但在具体目标上，无论直接干预部分还是间接干预部分都显得单一，不够全面，而且目标之间的逻辑性也有所欠缺。最好能将目标整合，比如本案例中可以整合为个人培养能力和心理调适，家庭层面的介入以及同辈群体和重要他人层面的介入和社区环境干预等几个不同的部分。服务策略的确定也很好地把握住了几个关键点，尤其是在资源链接上做得比较好，包括帮助其申请补助和寻找就业岗位以及利用社区资源参与“社区青年职业规划”等都是非常好的资源链接，缺点也是策略不够完整，不同策略之间缺少逻辑连接，最好能有一个由浅入深的策略，这在实际服务中更易操作。

在实施服务计划时，首先着眼于矫正服务对象的实际困难，并且以此为契机建立好的专业关系，这点做得非常好。实际困难的解决不仅让矫正服务对象感受到实际的帮助和改变，而且这对还没有真正了解社会工作者的矫正服务对象而言，是看得见、摸得着的，有利于服务对象建立对社会工作者的信任，并进而保障了有效的专业关系和接下来服务的开展。帮助矫正服务对象找工作的过程是非常困难的，在当前社会环境下，对矫正服务对象的歧视和偏见是处处存在的，这对矫正对象也是很大的压力和挑战。社会工作者在这个过程中用自己的专业精神和专业技能很好地帮助了矫正服务对象，不仅通过自己的努力去链接各种资源，还要不断地要求服务对象提升自己，学习就业技能和面试技巧，帮助其参加社区的就业支持小组，鼓励矫正服务对象对自己树立信心等，这个过程本身也是一个助人自助的过程，让矫正服务对象在这个过程中也学会了一些自己面对问题时解决问题的能力。当然，在这个过程中，社会工作者的陪伴作用也是巨大的，身处困境中的人就是因为缺少一个这样陪伴自己而且全心全意帮助自己并鼓励自己的人才很难走出来，而社会工作者的陪伴也真正践行了社会工作者在用心去实现生命影响生命的过程。

在面对矫正服务对象自身的直接介入中，社会工作者很好地运用了优势视角的理论，和矫正服务对象一起挖掘自身的优势和力量，增强服务对象改变的内在动力，鼓励其努力改变现状。在这个过程中，社会工作者很好地利用了女朋友这个角色，让矫正服务对象感受到希望，而且矫正服务对象之前的自首情节也是服务对象的一个内在优势，自己能勇敢地去面对自己的犯罪行为，这是很难得的。在对矫正服务对象的情绪和认知角度进行介入时运用人本主义疗法，帮助其接纳自己，宣泄情绪，帮助矫正服务对象提升自我评价和自尊感，同时帮其改变错误认知。这个过程中，有些不足的地方是服务涉及的点虽然很到位，但服务介入的深度欠缺，因为对矫正服务对象而言，真正让其心理状况好转，错误认知得到纠正，最好能有更加专业和深入的心理干预过程。

在对矫正服务对象的家庭社区层面进行干预时，社会工作者着重运用结构家庭治疗的方法对其母亲的角色进行了干预，同时调动资源，让居民委员会和妇联也参与进来，这种干预对缓和母子关系、增进相互的体谅和接纳都取得了不错的效果。但这些干预集中在劝说和引导的层面，作为结构家庭治疗模式下的干预是远远不够的。如果时间和条件允许，最好能对其家庭内部的互动模式，通过全体家庭成员的参与进来进行介入，如让矫正服务对象的舅舅和母亲同时参与进来。在社区层面，社会工作者主要是帮其参与到社区的青年职业规划小组中，一方面帮其学习职业规划技能；另一方面，对其阻断之前的不良社会关系，重建新的社会支持网络有很大的帮助。但由于社区内对矫正服务对象一家的排斥比较大，如能通过社区开展一些社区倡导类的活动，或者通过组织一些居民领袖参加的小组，让大家正视矫正服务对象的处境，帮助社区接纳他们，在帮助矫正服务对象社区融合方面可能会有更好的效果。另外，作为间接干预，矫正社会工作者没有让矫正服务对象女朋友这个重要他人参与进来，条件允许的条件下，如能让其女朋友参与进矫正计划中，会让矫正服务对象的矫正过程更加顺利。

从最后的矫正评估来看，矫正服务对象的改变是明显的，通过各方努力，克服重重困难找到一份稳定工作，而且矫正服务对象女朋友生下孩子后也得到家庭的接纳，这些也极大地激励了服务对象，让其对未来的生活充满希望。

虽然在案例中能够看到很多地方的专业服务不够全面、不够深入的，但很多时候由于各种条件的限制，很难全面完整地介入，也很难将服务做得非常深入，而只要能让服务对象有改善，能让服务对象有所收获和成长，生活能逐渐好转，慢慢步入正轨，这就足够了。社会工作者在这个过程中的陪伴、支持和努力，对身处困境中的矫正服务对象而言是黑暗中的一束光，通过社会工作者和矫正服务对象的共同努力，逐渐将这一束光变成一片光，渐渐地照亮了矫正服务对象生命中的每个角落。

从成长模式中探寻冰山下的自我

——“萨提亚家庭治疗”在剥权人员矫正工作中的应用

上海市新航社区服务总站虹口工作站　朱晓雷

对剥夺政治权利的社区矫正服务对象而言，他们在社区矫正中受到的管束力较弱，矫正意识不强，社区矫正工作干预起来比较困难。但作为矫正社会工作者而言，更多地关注矫正服务对象的个人生活和成长，聚焦于帮助矫正服务对象在个人、家庭和生存环境上的改变，对剥夺政治权利的矫正服务对象来说比较容易接受。本案例中，社会工作者主要从矫正服务对象的家庭入手，运用萨提亚家庭治疗的模式帮助矫正服务对象改善家庭关系和家庭结构，从而逐步帮助矫正服务对象找到方向和动力，生活也逐渐步入正轨。

前　　言

剥权人员在社区矫正中所受的约束是社区矫正五类人员中最少的，但其重犯的可能性也是最大的，在社区矫正中属较难帮教的。在本街道剥权人员名单中，案由为盗窃、抢劫、故意伤害等。笔者是一名矫正社会工作者，从社区矫正的管理形式上看，在剥权期间他们所受的社区矫正管理监管力度不大。笔者通过几年来对剥权人员的帮教，在工作中发现可以运用家庭治疗模式来改善剥权人员及其家庭成员之间的关系，挖掘并转变其深藏在行为背后不为人知的内心世界，可以使其行为逐渐随之发生改变，更好地协助其重新踏上正途，以达到预防其重新违法犯罪的效果。

笔者开始尝试着去碰触他们的内心世界和其家庭成员的内心观念，在一次又一次的家访与面谈过程中，发现他们都有着曲折的成长经历，而且他们中大部分的家庭结构都存在着或多或少的问题，了解了他们的家庭背景，更能理解他们为什么会产生行为偏差，从而更渴望去协助他们更好地了解自己，改变现状，在成长的路上有所突破，但却一直无法真正碰触到他们的内心。许多情况下，他们自己也并不了解自己内心的想法，或是不知道该怎样表达，因而即使存在改变的内心渴求却无改变的行为。美国著名咨询心理学家萨提亚（Satir）提出了一个“冰山理论”，即“每个人的心理内在都有一个冰山”。根据“冰山理论”，表现在外部的人们的行为和感受，仅仅是人类心理的一部分。

潜藏在“冰山”之下的是更多的心理内容，比如自我、欲望和信念，等等，正是这些内涵和机制决定着人们的行为。在人们的内心世界都希望自己被别人关注和接纳，如果一个人这方面的需求从儿时就没有得到满足，那么他很可能发展成异于常人的心理模式，不知道如何正常地与他人互动，从中获得必要的关注和接纳，因而可能会变得极端。由此，会采用各种极端的行为来吸引别人的关注。

在最近一次成功的个案中，笔者尝试着运用“冰山理论”以及家庭结构图来收集矫正服务对象个人及家庭的信息，从各个角度对个案进行分析与整合，来实现矫正服务对象内心的成长。

一、案例背景

服务对象，男，35 岁，初中学历。曾经犯盗窃罪被判处有期徒刑 5 年，刑满释放后又因涉嫌盗窃被刑事拘留，继而被依法逮捕。经人民法院宣判，判处有期徒刑 15 年，并处没收财产 1 万元。服刑期间，表现较好减刑，刑满释放回家，现单处剥权。回归社会后，服务对象通过别人介绍找到了一份工作，对此父母认为，孩子有了稳定的工作就不会像过去那样在外面瞎混了，他们也能稍稍松口气，没想到只过了一个月，服务对象便提出要搬出去独立生活，这使得父母的心又提了起来，怕他没有人管束，重新犯罪。自从问题发生后，家里就没有再平静过，双方已经不再沟通了。每当提起此事便是无休止的争吵，最终搞得不欢而散，家庭关系极为紧张。以下是社会工作者与服务对象首次见面之后的谈话：

社会工作者：自从回归社会后，工作干得怎样？

服务对象：还行，尽管机电销售的工作过去从没有干过，但通过一段时间的熟悉已经基本适应了。上星期还谈成了一笔生意，老板还在同事面前夸奖了我。

社会工作者：上次你说要搬出来住是真的吗？为什么？

服务对象：我和他们合不来，在家里没有自由。

社会工作者：你现在每月能挣多少钱？如果独立生活花销够吗？

服务对象：1500元，加三金，如果做得好还有提成。我算过了，在附近租个房间小一些的800元，自己每月生活费500元就够了，还有剩余。

社会工作者：看过附近的房价吗？据我所知那一带最便宜的也要1200元。还有，才工作3个月能积攒多少钱？租赁费可是要“交三押一的”。再说，你平时去过菜场吗？知道现在的行情吗？一旦钱不够用父母会帮你吗？

服务对象：……大概他们会帮助我的，反正我已下定决心要搬出去住的。

社会工作者：和他们坐下来开诚布公地谈过吗？父母对你的想法是怎么表示的？

服务对象：他们坚决不同意，尤其是父亲显得特别激动，最后不欢而散了。

社会工作者：在服刑期间，和你关系较好的人有吗？

服务对象：有的，在服刑期间，有一位金警官对我一直很好。我们就像朋友一样，我有什么心事都与他交流。

社会工作者：出狱后还来往吗？

服务对象：回归社会的这段日子里，他还主动来电话询问我的情况，鼓励我，给我自信。

社会工作者：有没有把你想独立生活的事告诉他，听听他的意见？或许会得到一些启发和帮助。

由于服务对象想要独立生活引起家庭关系紧张，父亲与孩子之间的敌对情绪随时会被引爆，在服务对象的同意下，社会工作者介入了他的家庭。社会工作者想通过与其父母的交流发现问题的归因：为什么服务对象离开家庭的想法那么匆忙而又坚决，甚至是有些不计后果？父子之间的关系怎么会发展到如此地步？母亲又是怎么想的，她会站在谁的一边？

一次家访中的谈话如下：

社会工作者：儿子近期的工作表现二老知道吗？

母亲：知道，他工作很卖力，单位里有一点成绩就回来告诉我们。

社会工作者：平时与儿子交流沟通吗？谈些什么？

母亲：谈得不多，主要是我们问一句，他回答一句，也就是聊些生活琐事。

社会工作者：问过他将来的打算吗？

母亲：问过，他就想搬出去住，原因就是在家里感到压抑受拘束。

父亲：随他去！他这辈子算是完了，又不想学好了！

社会工作者：怎么了？

父亲：每天下班回家，吃完饭就看 DVD，尽是些枪战片、暴力片。说他两句就往床上一躺睡觉了，简直是不可救药。他说我管他太多，可你看他姐姐，在我的管教下学习成绩从小学开始一直是非常优秀，最后顺利考进一所名牌大学，毕业后找到了一份体面的工作。他说到底就是本质不好导致违法犯罪的。我们这里住的都是老战友，看他们的小孩多有出息，不是公司老总就是政府官员，轿车上下班。再看我的小孩“两进宫”，出来了也不知道好好用功，整天混日子，要不是托关系为他找到一份工作，说不定已是“三进宫”了。

社会工作者：二老对他提出独立生活的想法有什么表示？

父亲：他不行的，近 20 年的时间是在牢里度过的，出来后和社会脱节了，连工作还没有适应，哪能独立生活？再说，在家里都无法管教，放出去更是无法无天。

社会工作者：那您的看法呢？

母亲：……（欲言又止）

从上述谈话中，社会工作者已能看出些端倪：在家里父亲是“一言堂”，家里一切事务都由父亲说了算，母亲就是有不同意见也只能保留。家访中社会工作者发现一个细微之处，就是母亲好像有话要说，但碍于丈夫在场，没能发表意见。社会工作者想单独与母亲谈谈，进一步了解情况，挖掘矛盾的深层原因。社会工作者了解到母亲退休后在某学校里做兼职，便打电话约她，要求单独与她沟通，想了解服务对象过去的相关情况，母亲同意了。

社会工作者：父亲过去对他怎样？（指教育方面）

母亲：他父亲是名军人，养成了部队作风，无条件服从。孩子出生后，便把这习惯灌输到孩子身上，从小对这姐弟俩实施“军管”，姐姐尽管表面服从父亲，但内心也是很反感的，甚至是憎恨。我也没有办法，有时候觉得这样管教孩子是不妥的。但是，我知道他的脾气比铁还硬，根本不听劝。时间长了也就作罢了。

社会工作者：什么情况下导致了他第一次犯罪？

母亲：那时他还在读初中，由于孩子性格与他父亲一样，从小就很倔强，每次父亲采用专制方式教育他时，他就反抗。从一开始的绝食、不说话逐渐发展为逃课、逃夜，有时甚至几天不回家。偶尔回家一次也是拿点儿钱就跑了。后来被发现了，他父亲就把家里所有的锁换了。孩子拿不到钱，就结伙入室盗窃，最后被判刑了。

社会工作者：那第二次呢？通常父母都会有所提防的，你们是怎么做的？

母亲：出狱后，我们加强了对他的管教，但同时又要防止他再拿家里的钱到外面去混。所以，我们没有把钥匙给他。有时，他回来我们却不在家，他就坐在门口等着。最严重的一次是因为我们加班，他一个人在家门口等到半夜。这样一来二去，他又跑了。等有他的消息时，他已经又因犯盗窃罪被拘留了。

社会工作者：判决书上写道，第二次判了15年，你们没有请律师为他辩护，为什么呢？

母亲：（露出了愧疚的神色）当时得到消息后，感到十分气愤，他父亲更是暴跳如雷，明确表示不请律师，让他好好在里面清醒清醒。看见他父亲发怒了，我也就妥协了。现在想想总感觉到对不起他。

社会工作者：孩子对你们有所排斥，有了工作就想搬出去独立生活，不顾你们的感受。孩子并不理解你们的心情，对吗？你们又和他好好交谈过吗？他知道你们是爱他的吗？

母亲流泪了。

在与母亲谈话后了解到：父亲部队式的严厉管教让服务对象感到十分反感。这使他养成了孤僻、独立、倔强的性格，他认为自己不需要别人的关爱。其实，在他的潜意识里，他特别需要别人的关爱，这也是他后来进入那个团伙最根本的原因，只是他自己并没有意识到。第二次犯罪，家里没有请律师为他辩护，甚至没有作出一点的反应，这使得服务对象对家庭彻底绝望了。这也是他为什么工作刚刚稳定便要独自生活的原因之一。

二、案例分析和预估

根据社会工作者对该个案资料的收集及对问题分析，发现服务对象的父母对服务对象的管教是采用专制惩罚型教养方式的。家长实施惩罚的方式通常通过两种途径进行：一是权利运用，表现为力图以长者或监控人的身份，通过体罚或剥夺子女的某些资源（如不给饭吃或断绝零用钱等）实施对子女的控制；二是情感控制，在这种情况下，虽然家长不使用体罚，却收回了对子女的笑脸，甚至直接对子女表现出不高兴、生气或愤怒，这时，家长对子女的交流大多改为使用命令甚至威胁的语气。家长希望通过这种方式向子女传递信息，表明自己不接受或不喜欢他的某种言行。一贯采用专制型教养方式的父母，通常不太关注孩子的感受，只是一味要求孩子的服从。

知识链接

通常把家庭教养方式分成三类，这三类方式造就了具有不同人格特征的孩子：

❖权威型教养方式，这类父母在对子女的教育中表现为过分支配，孩子的一切均由父母来控制。成长在这种教育环境下的孩子容易形成消极、被动、依赖、服从、懦弱，做事缺乏主动性，甚至会形成不诚实的人格特征。

❖放纵型教养方式，这类父母对孩子过于溺爱，让孩子随心所欲，父母对孩子的教育甚至达到失控状态。这种家庭里的孩子多表现为任性、幼稚、自私、野蛮、无礼、独立性差、唯我独尊、蛮横胡闹等。

❖民主型教养方式，父母与孩子在家庭中处于一个平等和谐的氛围中，父母尊重孩子，给孩子一定的自主权，并给孩子以积极正确的指导。父母的这种教育方式使孩子形成了一些积极的人格品质，如活泼、快乐、直爽、自立、彬彬有礼、善于交往、容易合作、思想活跃等。

结合本案例家庭来说，一儿一女，同样是在父亲的“高压政策”下成长的，由于女孩脾气性格较乖顺，对父亲的管教总是逆来顺受，尽管心里怨恨，但却没有实际的反抗行动，长期以来一直是按照父亲的指定的路线成长，尽管最终女儿成才了，但对父亲也心存反感。男孩比女孩活泼好动，其个性也与父亲类似，如固执、精力旺盛等。特别是在青春叛逆期，对父亲的专制管教更加不服，最后变成了反抗，如夜不归宿、逃课等。父亲想通过体罚来“镇压”他的抗拒，但每次镇压得到的结果便是儿子变本加厉的抗拒，如此恶性循环最终一发而不可收拾。

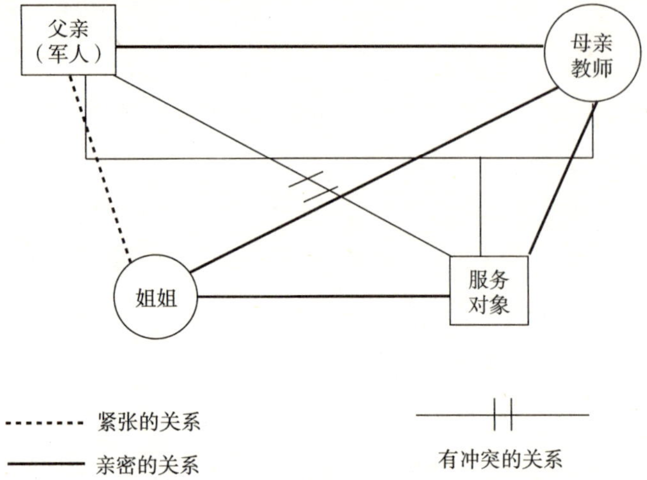

接案时生态图

所以，服务对象的自身问题和他的家庭环境（主要是家庭教养方法）息息相关，因此，笔者将关注的重点、改变的目标放在服务对象的家庭上，主要运用“萨提亚家庭治疗”，来改变服务对象目前的家庭结构，改善家庭成员之间的沟通，从而达到服务对象的改变和解决问题的目的。

三、服务计划

1. 服务总目标

改变服务对象目前的家庭结构，改善家庭成员之间的沟通，从而达到服务对象的改变和解决问题的目的。

2. 具体服务阶段

（1）第一阶段：接触期。这是联合家庭治疗的第一步，主要工作目标有三个：与服务对象家庭建立信任关系；观察其家庭的交往互动方式；与服务对象进行沟通。

（2）第二阶段：转变期。这是联合家庭治疗模式最重要的阶段，本阶段的专业目标就在于运用专业理念和方法帮助服务对象认清自我，并推动服务对象及其家庭的改变。与此相关的主要方法有：追溯以往生活经验，以便探求服务对象当前的行为偏离原因，这里也借鉴了弗洛伊德的理论。赋予旧经验以崭新的意义，视角的转换将为服务对象打开新的世界；促使服务对象对旧经验的新理解落实到行为的新选择上，这是服务对象的真正转变体现。

（3）第三阶段：巩固期。本阶段的目标主要有三个：巩固服务对象已经取得的专业治疗效果，帮助服务对象整合治疗经验，提醒服务对象今后可能面对的新挑战。

四、服务计划实施过程

家庭治疗主要是为了改变服务对象——家庭结构，改变成员彼此之间的沟通。

首先，要创造促成成员间相互沟通的机会。在本案例中，儿子就是认为父亲从小用专制方法来管教自己，并不是真正地爱护他、关心他。而母亲因为儿子的所作所为也对其产生失望的想法，觉得儿子已经无可救药了，想放弃。所以，要给整个家庭创造沟通的机会，将各自内心的想法谈出来，做到开诚布公，缓和因沟通不顺而引发家庭关系紧张的局面。

其次，就是要明确服务对象的家庭成员每个人的职责。让服务对象的父亲换一种方式来教育孩子，给儿子多一点儿关爱和表扬、少一点儿质疑和批评。可以和儿子就如作息时间、相处方式等问题达成共识，并形成书面协议，互相监督，并逐渐提高相互间的信任程度。

再次，在改变服务对象家庭成员关系的同时，改变服务对象父亲的认知。让父亲明白父母只有义务养儿子到18岁，不能包办他本人今后的生活，服务对象有权利通过他自己的奋斗打拼出一番属于自己的天地。

最后，鼓励、支持、协助服务对象为将来的独立生活做充分准备，帮助他达到心愿成为一个自食其力的人。

以下是家访后的详细工作记录：

在社会工作者与服务对象及其家属见面一星期后，社会工作者接到服务对象打来的电话，说房子已经租好，自己已向父母宣布表示要独立单过了。父亲听后一言不发，母亲则是泪流满面。于是社会工作者再次到服务对象的家里进行家访。这次家访的目的是让双方澄清自己的内在感受，意识到自己潜意识下的需要，并能与其家人进行平等沟通，即各自将自己的想法告知对方。通过运用“天气预报”的方法让其父母意识到自己内心的感受：首先鼓励每一个家庭成员表示出自己对家人历来的关心：“我想要谢谢……”；其次说出自己对家人的担忧、关心和困惑：“我对……感到担忧”“我对……感到迟疑”；再者说出自己的抱怨和可能的解决途径：“我不喜欢……而我想借由……来改变”；然后用“新的咨询”来说出自己的点滴发现：“我对……我有一个新的……”；最后是希望与期待：“我希望……”通过这样的填空形式，让其家人理解其需要。

在交谈中可以看到，母亲对孩子有内疚的感觉，她希望孩子住家里，让自己给他更多的关爱，以弥补自己过去对他的忽视和伤害。而父亲则觉得自己是家庭中的权威，儿子不听自己的，是自己教育模式的失败，他的背后是怕被人指责说自己是个无能的家长。社会工作者向他们分享萨提亚的家庭沟通模式，告诉他们大部分人的沟通方式都是以四种姿态出现的：①讨好型；②指责型；③超理智型；④打岔型。并对四种沟通姿态进行示范，然后让他们从这四种简单的沟通姿态里来感受一下我们平时自己跟自己的孩子是怎样沟通的。通过与其家人的肢体示范和交谈互动，可以看出其实母亲是家中的“讨好者”，父亲是家中的“责备者”，孩子现在则不想做原来的“没有人在意我，家中没有我的位置”的自己。通过讨论和确认，引导其家人去发现对方背后的“小小孩”，其实我们每个人的背后都有一个小小孩。通过交谈得知，他母亲的内在感受是“我是一个一无是处的人，没有儿子我就完了，我怕孩子的离开”，而父亲的内在感受是“我很孤独，在管教孩子方面是不成功的，我不是一个成功的父亲”。为了让他们“表里如一”，做原来的自己，社会工作者给予情感上的支持，并让家人互相倾诉，让父亲可以把疑虑向儿子倾诉而不是怒斥。儿子把自己今后的打算以及今后可能遇到各种困难和如何解决的方式向父亲表白，征得父亲的支持。社会工作者也加入其中，作为第三方起到平衡协调作用。

谈话一直持续到半夜12点钟，社会工作者与家庭成员进行拉锯式的沟通，目的是试图帮助双方了解对方的真实想法，消除某些误会，改善不良的家庭关系，恢复正常的沟通模式。当时，服务对象的父母能够认同自己内心的感受，但却始终担心儿子住在外面将是重新犯罪的开始，因此家庭会议最终无果而终。正当工作开展遇到瓶颈的时候，社会工作者突然回想起服务对象曾对社会工作者说在监狱服刑近15年的刑期中，金警官与他建立了十分深厚的感情，对他进行帮教的故事也时常挂在嘴边，这就使社会工作者想尝试利用这层关系对服务对象给予支持和鼓励，同时让其父母放心。事后，社会工作者与金警官多次联系，并请他一起参加对服务对象的社会帮教活动。金警官听后，也欣然同意作为志愿者加入到社区矫正帮教工作中来。由于民警的加入，使服务对象父母的顾虑再一次打消了。在整个服务过程中，金警官与社会工作者一起对服务对象进行思想行为方面的帮教，从中起到了“双保险”的作用。

知识链接

萨提亚模式

萨提亚模式又称萨提亚沟通模式，是由美国首期家庭治疗专家维琴尼亚·萨提亚（Virginia Satir）女士所创建的理论体系，萨提亚模式，又叫联合家庭治疗。

萨提亚模式是一种心灵体验过程。最大特点是着重提高人的自尊、改善沟通及帮助人活得更“人性化”（Become more fully human），而非只求消除“症状”（Symptoms）。她帮助我们认识，每一个生命都有着独特的成长脉络，无论旧有的成长模式带给我们什么样的经历和感受，都值得尊重，治疗的最终目标是个人达到“身心整合，内外一致”，实现个人潜能的最大发挥。

要打消服务对象父母的顾虑，首先就是降低他重犯的概率，要完成这个目标，我们就要让服务对象和父母建立正常的沟通关系，远离诱惑。为了完成这一任务，需达成以下几点共识：①多和服务对象谈话，给予他足够的关爱；②经常到其居住地进行访视，了解情况，关心他与家人之间的关系；③相互间及时传递信息，掌握最新情况，减少父母对服务对象的担忧。

要让服务对象能够逐步走上生活正轨，成为一个自食其力的人，就要从各角度对其进行帮助：①在日常生活细节方面，由母亲对其关心帮助；②在思想疏导方面，日常动态由社会工作者及帮教警官负责沟通并进行指导；③父亲不要过多干涉，在服务对象出现经济困难的时候可以适当援助一下，在与孩子沟通的时候尽量采用柔和的语气进行对话。

经过一年多的计划实施，服务对象已把我们当成了良师益友。在生活中如果遇到问题，他都会来找社会工作者商量，帮教警官也时常在电话中给服务对象鼓励。社会工作者多次到服务对象的家中进行调解，缓解服务对象与家人的关系。服务对象的母亲也时常与社会工作者及帮教警官联系了解儿子最新的情况。帮教工作以“铁三角”形式稳步进行着。服务对象已经改变了对父母的看法。而服务对象的父母也能够理解儿子的想法。服务对象每当有空余时间也回家看望父母，买些物品孝敬老人。服务对象的改变使父母彻底放弃了以前的想法，对自己以前所谓的“教育”产生了怀疑。一段时间后，服务对象交上了女友，这使他工作更加积极努力。父母对孩子的现况也大加赞赏。父子间的感情又进了一步。接下来服务对象与女友结婚，还特意邀请社会工作者和帮教警官一起参加了他们的婚宴。现在，服务对象因工作努力已经成为公司销售经理，年薪7万元还配备了汽车。服务对象通过自己的努力加上各方面的协助，终于走上了正途，成为一个能够自食其力的人，实现了个人的价值。

五、案例评估

该个案目前已经顺利结案，服务对象和父母之间的关系已经明显改善，尽管成家后没有搬回去与父母同住，但两家之间来往一直比较密切。每逢过节服务对象与妻子都会一起回家看望父母。父亲也不再责备儿子一无是处，反而时常关照儿子不要太累了，要注意身体，有空儿与妻子多出去玩玩散散心，家里也已经不再因观念不同发生激烈争吵了。

在接下来的工作中，社会工作者对服务对象家庭关系的改进情况予以跟进，并继续支持、帮助服务对象巩固其家庭关系的改善状况，进一步纠正服务对象认知的偏差，真正做到自强自立。

萨提亚家庭治疗方法在这个个案中起着至关重要的作用，因为如果服务对象家庭关系不改善的话，服务对象不可能融入家庭中去，随之而产生的一连串的改变可能也很难发生，甚至会导致重新违法犯罪。

介入本案例施用家庭的治疗技巧：

（1）要避免陷入家庭分歧的某一端，对于家庭问题保持中立。

（2）充分估计问题的复杂性。

（3）在对家庭问题敏感的同时，要灵活、主动处理。

（4）善于与其他职业的工作者合作。

（5）对家庭变化的能力采取一种乐观的态度。

（6）认识家庭成员的相互作用，疏通他们之间的关系。

（7）为新行为和新的交流方式提供样板。

六、专业反思

结合本案以及服务对象变化，感受到家庭治疗方法社区矫正服务中的重要性，但同时，在介入本案例中社会工作者也参考了许多关于家庭治疗的书籍，发现我国家庭情况与国外有着明显的差异，这决定了社会工作者在矫正个案社会工作中不能简单机械地照搬西方甚至是中国香港、台湾地区的家庭治疗模式。具体来说，总结了以下几点：

（1）中国的传统文化家本位的思想在现在中国依然有着很深的烙印。个案中的父亲就是典型的形象，传统的家庭观念及家教便是权力的高度集中，不允许有任何反抗的意愿，这就在某种程度上造成了服务对象反抗、夜不归宿直到最后犯罪。

（2）望子成龙是每个父母的愿望，但通过“专政”家教来达到自己的期望并不是一个值得提倡的方法，最终的结果反而会使父母失望、痛苦和无奈。同时，处于这样环境的孩子对于父母也常常充满了怨恨、愤怒乃至仇恨。

（3）专业能力严重缺乏。有时社会工作者的工作方法仅限于个别的教育谈话，无法真正地开展深层次的专业活动，影响了治疗方法的实施。

（4）没有整合相关的社会资源。实施家庭治疗方法对于服务对象是有效用的，但是所面临的问题往往是多方面、多层次的，一旦遇上这类问题或“瓶颈”，如何继续开展服务活动则需要专家督导的帮助。再者，在进行家庭治疗过程中，有时候需要同时引入小组、社区社会工作乃至社会行政工作等多种方法，而社会工作者在实际操作中往往简单停留于一种方法，如何进一步探讨多种专业社会工作方法的综合配套运用也是社会工作者所面临的一个亟待解决的重要问题。

七、结束语

犯罪是由个人心理、家庭与社会环境这三种因素相互影响的结果。在社区矫正帮教过程中，社会工作者利用这三种因素对服务对象进行帮助和治疗，通过监狱警察介入帮教，使帮教工作取得了很大的进展，服务对象也对我们的工作十分支持。我们这次的工作重点在于帮助其走出早年不愉快经历、缺乏关爱的心理阴影，改善其家庭结构，重获被家人关爱的感觉，确立正确的价值观，使他感受到帮教小组对他的关怀，从而努力把这种感激之情，化为自己的实际行动来表现出来，真正做到助人自助。剥权人员的社区服刑是社区矫正工作中的盲点、难点，就是因为剥权人员在社区服刑中对其限制很少，无法进行有效的管理。但只要措施得当，科学利用社会资源，相信在帮教工作中会起到有效作用。

家庭治疗是将家庭作为一个整体进行治疗的方法。它通过社会工作者对某一家庭中的成员进行接触和会谈，促进家庭作出某些适应性的改变，同时使家庭中“患病”成员的症状减轻或消失。上面介绍的这个案例是笔者在矫正工作中遇到的比较典型的个案，在实际操作中，所运用的萨提亚家庭治疗模式是整个个案中的主要模式，同时还运用到其他一些治疗模式，如心理社会治疗模式等。

案例点评

本案例的服务对象为被剥夺政治权利的社区矫正服务对象，但本案例矫正服务对象的剥权属于附加刑，在此之前曾经多次入狱，在本次接受社区矫正之前被判刑 15 年，虽然服刑期间因表现良好被减刑，但长期的服刑经历对其本人也造成了很深的影响。矫正社会工作者在经过全面的了解情况并通过初步的访谈和预估后，决定对其采用萨提亚家庭治疗模式进行家庭层面的介入，帮其化解家庭内部的矛盾，改善家庭结构问题并进一步促进矫正服务对象本人的自我“身心整合，内外一致”，实现个人潜能的最大发挥。

在进行预估的时候，社会工作者分别对矫正服务对象个人及其父母进行了多次访谈，这些访谈一方面帮助社会工作者全面了解了服务对象个人的心理状况和困境，另一方面也对其家庭内部的沟通方式尤其是父母对服务对象的态度、心态以及服务对象的成长及犯罪经过有了完整的了解，同时通过访谈的过程，也初步建立了社会工作者和服务对象本人及家庭的专业关系，为后面的家庭治疗做好了准备。在这个过程中，社会工作者灵活地运用了个案访谈的基本方法，对服务对象的基本情况进行了解，并做初步的介入，启发服务对象反思自己的心态，反思对待父母的态度和沟通方式。在和服务对象父母的访谈中，社会工作者做得非常专业的一点是不仅仅通过表面的互动来了解情况，也通过敏锐的观察发现母亲欲言又止的举动，进而找机会和母亲单独沟通，更加深入地了解了服务对象家庭中的权利关系和成员间的互动方式。通过这个过程发现服务对象和父母间的沟通较少，且方式比较生硬，对父母有较大的不满，而且在现实问题上（服务对象想搬出去自己住）也存在很大的分歧。同时，社会工作者也发现其家庭权利结构中，父亲是家里的绝对权威，军人出身的父亲对孩子的管教方式是专制式的，过于严厉，而且不容置疑，但这种管教方式背后更多的是对孩子成才的殷切期望。

在这个过程中，有些细节做得不够好，比如在和服务对象的初次访谈中，谈及服务对象想自己搬出去住的时候，社会工作者连续发问，“你现在每月能挣多少钱？如果独立生活花销够吗？”“看过附近的房价吗？据我所知这一带最便宜的也要1200元。还有，才工作3个月能积攒多少钱？租赁费可是要‘交三押一’的。再说，你平时去过菜场吗？知道现在的行情吗？一旦钱不够用父母会帮你吗？”这种提问方式一方面会给服务对象造成很大的压迫感，另一方面也会让服务对象感到社会工作者已经先入为主地认为其不应该搬出来，社会工作者是和自己的父母一伙的，这会让服务对象对社会工作者和此次访谈产生排斥，不利于建立良好的服务关系。

在初次访谈中，应尽量避免这种连续发问的提问方式，最好能先同理，对服务对象的决定表示理解，然后再逐步地帮其分析一些现实问题。在个案访谈中，一定要尽量保持中立，避免对所谈问题的预设，如果社会工作者自己已经预设了一个结果，会在访谈中传递给服务对象，或者会自觉不自觉地引导服务对象朝向自己预设的方向上去发展，这是违背价值中立和服务对象自决原则的。另外，在和父母进行访谈时，有些回应做得不够，比如其父亲描述服务对象的混乱生活状态和内心的失望以及对其姐姐的满意和对别人孩子的羡慕时，社会工作者没有有效的回应。

在案例分析和预估阶段，矫正社会工作者很好地把握住了服务对象的家庭结构问题，对服务对象的成长经历以及内部互动模式都有了比较清晰的认识和分析，因此，计划主要针对服务对象的家庭问题进行介入。在此基础上，制订出服务目标和策略，将实施阶段分成3个部分，层层深入，具有很强的操作性。但如果能在总目标的基础上制定出不同的具体目标，则会让目标更具有指导意义，而且目标制订过程如果能让矫正服务对象和其家庭参与进来，也会让目标更有效果。

社会工作者在运用萨提亚家庭治疗模式进行家庭介入时虽然遇到很多困难，但社会工作者的服务介入思路清晰，按部就班地进行工作，取得了很好的服务效果。社会工作者首先提供沟通机会，让家庭成员开诚布公地表达自己的想法，这是介入家庭结构很好的一步，能有效地缓解家庭关系紧张的局面，而且也能让社会工作者自然而然地进入到家庭中。社会工作者从让服务对象父亲和其先就父亲的表达方式和服务对象的作息等最基本的问题达成协议，让父亲少一些指责，多一些关心和表扬，让儿子多体谅父亲，这看似很小的一步，其实是撼动原有家庭不良互动的开始，明确了不同家庭角色的定位，也初步恢复了成员间的信任关系。接下来社会工作者通过不断澄清各自内在需要，并让父母意识到内心对孩子是充满期望和爱的，而服务对象对父母和家庭也是有感激和依赖的，但因为各自内心的焦虑和不良的沟通氛围，表达出来的情绪却是让彼此难以接受的。这是很重要的一个改变，让家庭成员真正接纳自己的内心和家庭，而且学会表里如一地表达自己的真实感受，不仅对家庭，对其中的每个成员都会有很好的改变。虽然在那次访谈中在服务对象搬出去这个现实问题上没有达成一致，但这并不影响这次家庭治疗的效果。有时候在实务过程中经常会遇到这样的问题，道理是简单的，但改变是困难的，服务对象需要很长的时间和勇气去实现改变。尤其在家庭治疗过程中，经常会陷入这样的困境中，这种困境会让社会工作者有失落感，但这时要明白，这是改变的开始，不求立竿见影，改变已经在发生了。

在矫正服务中社会工作者很好地利用了服务对象的一个重要他人—金警官，金警官是服务对象服刑时信任的人，而且对服务对象也一直很关心，他的加入让矫正过程顺利很多。一方面他从不同的角度给服务对象很大的支持；另一方面，警官的身份也让服务对象家庭对其充满信任。但服务对象姐姐这个重要的角色没有参与进来，如果能让她参与到家庭治疗过程会有更好的效果。在矫正社会工作者和金警官以及矫正对象家庭的共同努力下，服务进展得越来越顺利，通过一年多的服务，服务对象家庭关系得到极大改善，而服务对象自己的状况也有了很大的变化，不仅工作表现出色，得到升职，而且顺利成家，生活步入正轨。这个结果也让矫正社会工作服务的价值得到极大的体现。

在社会工作实务过程中，有时候因为各种限制很难对服务对象进行全面的干预，但只要抓住核心的点，就会有牵一发而动全身的效果。正如社会工作者在服务的反思中说的，本案例的社会工作服务主要聚焦于服务对象家庭层面的干预，没有对服务对象个人心理层面、社区层面以及朋辈群体等社会支持层面进行全面的介入，但我们能看到社会工作者的努力给服务对象和家庭带来的巨大改变，对矫正社会工作而言，服务对象生活的改善和顺利回归社会，才是最重要的。

他从认罪　悔罪　赎罪中一路走来

——社会工作者帮助服务对象重返社会的案例

上海市新航社区服务总站徐汇工作站　冯健栋

在社区矫正对象中有这样一类人，他们并不是故意犯罪，而是因为其他原因触犯了法律，成为在社区服刑的矫正对象。对这类矫正对象而言，他们有的能理性认识自己的状况，反思自己的过失，有的则充满愤恨，认为自己并不是故意犯罪，被贴上社区服刑人员的标签感到很委屈，甚至会因此自暴自弃萌生出报复社会的想法。本案例的服务对象就属于这类矫正对象，面对这样的矫正服务对象，社会工作者要看到他们内在的闪光点，并利用这些内在的优势帮助他们走出困境，重返社会。

一、背景介绍

（一）个人情况

R 某，男，1961 年 5 月生，汉族，初中文化，家庭离异，因交通肇事罪，被某市人民法院判处有期徒刑 3 年，缓刑 5 年。R 某于 2006 年 10 月 12 日起正式纳入街道司法所，接受社区矫正。

（二）个人经历

服务对象自小生长在普通家庭，性格内向，不善交流，但较固执。曾参过军，复员后被分配到公交三场，后辞职到某旅行社工作，当司机平时工作表现不错。2005 年 10 月，单位为了应付不断增加的客源，在服务对象刚刚长途出车归来，尚未得到充分休息，且在身体不适的情况下，再次要求其出车。憨厚的他，既碍于面子，又想多赚些津贴，于是拖着疲惫的身体再次发车，最终导致交通事故的发生。这次交通肇事不但给他人造成了无法弥补的伤害，而且在自己走向犯罪的同时，也给自己的身体带来巨大的损伤（颅内出血）。

（三）家庭背景

R 某母亲早年亡故，父亲已风烛残年，其家庭离异，有一女儿，跟随 R 某生活。兄弟姐妹早已各自成家，相互间往来不多。R 某前妻由于身体原因，一直没有工作，女儿的生活、学习费用均由 R 某一人承担，在他出事前夕，女儿被录取到学习费用比较高的私立高中就读。

二、案例分析

（一）两次风险测评，均属重点关注

服务对象刚纳入社区矫正后进行了初次风险测评，从他对犯罪的认识程度、对现实社会的心态，和他的家庭经济、身体状况、个性因素、个人婚姻状况，以及将来的就业前景等方面测评后，分值较高，达到重点关注程度。在 3 个月之后的阶段性风险评估时，服务对象的几个关键因素变化不大，分值测评仍属于重点关注。

（二）无法认同罪犯身份，处置不当誓言报复

服务对象刚到派出所接受社区矫正的宣告时，流露出极度愤怒的表情，从他迷惘的眼神里，可以看到他对判决的不满和无知。他认为，单位追求利益最大化，是导致这起事故发生的主要原因，而法律后果却由自己独自承担，且身体也受到了相当的伤害。服务对象一直认为自己奉公守法、安分守己，无论如何都不会滑向犯罪的深渊，这起事故的责任大部分理应由单位来承担，而单位至今未有任何承担责任的说法。如果单位处置不当，或弃之不理，将会以“同归于尽”的极端方式进行报复。矫正之初，R 某对社会工作者的劝慰与引导无动于衷，甚至不屑一顾，表现出极不配合姿态。

（三）缺乏家庭支持系统，社会适应能力不强

自从被法院判刑后，服务对象承受着一切不幸：突然失去工作、

家庭经济来源的中断、无钱医治的伤体、女儿昂贵的学习费用等。兄弟姐妹、亲戚朋友都了解他现在的困境，但因自身经济条件所限，缺少帮助他的能力，爱莫能助。还因服务对象的有罪之身，兄弟姐妹、亲戚邻居都有意无意地回避和疏远他。服务对象性格内向，脾气倔强，又不善交际，缺乏必要的社会交际网络关系，适应力不强，年龄偏大，文化程度不高，交通肇事后身体受伤，除原先的驾驶技能以外，缺乏其他就业技能，根本找不到适合自己的岗位，工作需求与就业困难形成了极大的反差。

（四）量表测评结果堪忧，负面情绪难以平复

知识链接

EPQ 与 16PF

❖EPQ，即艾森克人格问卷（Eysenck Personality Questionnaire），是英国伦敦大学心理系和精神病学研究所艾森克教授（H. J. Eysenck）编制的，分儿童（7 ~ 15 岁）和成人（16 岁以上）两种类型。经过多次修改，在不同的人群中测试，已经获得可靠的信度和效度，在国际上广泛应用。一般认为，此量表项目内容较适合我国的实际情况，被认为是较好的人格测定方法之一。

❖16PF，即卡特尔 16 种人格因素测验（Sixteen Personality Factor Questionnaire），这种方法能以同等的时间（约 40 分钟）测量更多方面主要的人格特质，并可作为了解心理障碍的个性原因及心理疾病诊断手段，也可用于人才的选拔。凡具有相当于初中及以上文化程度的青壮年和老人均适用。

（郭念锋、虞积生等. 国家职业资格培训教程·心理咨询师（三级）[M]. 北京：民族出版社，2012）

通过 EPQ 与 16PF 心理量表的测试，测得服务对象性格属焦虑型、倔强易愤怒，并伴有抑郁倾向，对于刺激反应比较强烈，遇事易激动，情绪易失控，负面情绪到达一定分值时难以平复。P 分值高，显示其心理健康常态水平较低，新环境成长能力较差。综合结论：不善于与人沟通，内心不良情绪得不到有效宣泄，易暴发行为失控。由于服务对象单独抚养孩子，所有的压力独自担当，缺乏沟通倾诉渠道，当出现问题面对不了时，就觉得人生之路似无底深渊，不可逾越。量表的测试结论也符合服务对象的人格特点以及现实的心理状态。当压力不堪承受，负面情绪上升到一定程度时，有可能暴发缺乏理智的极端行为，造成恶劣的社会影响。

三、服务计划

马斯洛的需求层次理论认为人的需要从生理需要、安全需要开始到归属与爱的需要、尊重的需要，最后到自我实现的需要。当个体的需求特征大部分丧失时，就会产生认知失调，而造成情绪不良与行为失控。服务对象如果连基本的生理需求与安全需求都得不到保障的话，极有可能会在认知上失调，行为上失控。社会工作者决定以马斯洛的需求层次理论为依据，以由低到高的服务程序展开工作，制定相应服务措施。

（一）近期服务目标

（1）整合社区资源，申领民政救助，申请最低生活保障金，解决目前的实际生活问题。

（2）介入专业心理咨询力量，实施心理矫正，以理性情绪疗法来缓解对象的焦虑情绪，阻止其有可能出现的不良行为发生。

（3）寻求社会资源，帮助其女儿正常就读，提升其生活信心和向上动力。

（4）在日常管理的基础上加强法制教育，提升其法制意识，促使其能真切理解“犯罪”“缓刑”“社区矫正”“在刑意识”等法律概念。

（二）远期服务目标

救赎过去，超越自我，展现自信，融入社会。帮助他实现从认罪、悔罪到赎罪的根本转变。

（三）前期服务实施计划

社会工作者选择了以主动帮困解难，运用政策资源、社会资源等安置其基本生活为服务策略，在其“再社会化”过程中，感受社会的宽容、关心与爱，淡化其心理上的焦虑、抑郁以及偏执的认知等不良情绪。具体实施计划为：

（1）如实向司法所反馈服务对象的生活现状，以及他所面临的生活压力，取得司法所的支持，到相关部门争取医疗救助与生活补助，帮助其安置基本生活。

（2）介入专业心理咨询力量进行心理疏导，运用心理学的专业技术让其宣泄负面情绪，对他的极度仇视单位，并时刻准备以“同归于尽”的方式进行报复的想法和潜在行为，进行适当的心理治疗，引导其加强自我接受与自我行为控制能力的训练。

（3）协助服务对象到其女儿学校进行交涉，争取减免其女儿的学习费用，帮助她顺利完成高中阶段的学习，淡化其内心的担忧与焦虑。

（4）帮助服务对象增强对是非辨别的能力，引导其将对社会的极端抵触情绪转向到现实生活困难上。改善其封闭的内心，培养其与他人沟通的技巧与能力，借助司法所拥有的律师资源，帮助其澄清自身的权益与诉求，鼓励并协同其争取自身权益。

四、服务的前期实施过程

（一）第一节：帮困解难，改变生活，让服务对象感到人间自有真情在

1. 第一次家访，服务对象积压已久的怨恨得到了宣泄

宣告接案后，社会工作者与服务对象进行了长时间的面谈，也直接或间接地从居民委员会、社区民警等处收集到了服务对象的背景资料，较清晰地掌握了其目前的生活环境、状态，面临的生活问题，以及背负的心理压力，因而也理解了服务对象在矫正宣告时的不配合态度。社会工作者第一次上门家访时，服务对象开始避而不见，经过努力，总算开了门，见面的大部分时间他都在抱怨，抱怨社会不公，抱怨单位在事发后弃之不管，不闻不问。自己原本平静的生活突然被颠覆，瞬间陷入无底深渊，感到痛苦没有尽头。社会工作者对于服务对象“自我降格”的心理过程，试图以“犯罪不是与生俱来，也非个人因素决定，而是由多种社会因素交会作用而引发”的话给予一些劝慰，但反应不佳，服务对象愤懑之情依然如故。

由于服务对象内心过度的焦虑与恐惧，而产生了对社会强烈的不满与抵触，此刻，社会工作者再多的劝慰，都是徒劳无益的说教，服务对象绝不会接受，社会工作者只能静静地陪伴着他，作为他的倾听者，耐心倾听他的诉说，直至他慢慢变得不再那么激动。社会工作者的第一次家访让服务对象积压的怨恨得到了充分的宣泄。临走前，社会工作者只是握住他的手，留下了一句话：“我感受到了你此刻的困境，你的问题我将会与你共同面对，相信一切的不幸总会过去的。”

2. 第二次家访，社会工作者赢得了服务对象的信赖

服务对象的困境被社会工作者在如实向司法所作了汇报后迅速采取安置其基本生活的工作措施，依靠“任务中心模式”的工作方法对

其迅速开展了相关工作。

3 天后，社会工作者将争取到的 300 元司法救助费，立即送至服务对象手中，在精神上也给予其相应的安抚。1 个星期后，社会工作者拿着从社保部门争取到的医疗救助卡，再次来到服务对象的家里。

服务对象说自己属于人穷志不短的人，宁可他人负我，我绝不负他人，从小到大，没有贪图别人的一点点便宜。目前，家庭生活的经济来源面临很大困难，事故中受的伤也无法医治，感觉自己整天昏昏沉沉。前天去过单位，要求支付一些生活与看病的钱，却遭拒绝，自己又不好意思向别人开口借，正发愁不知怎么面对。社会工作者将 R 某人性中的闪光点——人穷志坚，作了回应，及时予以了肯定。对于服务对象在事故中受的伤，希望他利用医疗救助卡，到医院再做检查，不要延误，还试着与服务对象讨论个人维权意识，以及女儿的学费问题。R 某对于我们之间的讨论表现出了浓厚的兴趣，谈到最后，他将自己最不愿让别人知道的想法拿出来与社会工作者一同作了分享：前天到单位遭拒绝后，越想越气愤，对于单位的无赖做法，他竟然想到用命“搏”公道，甚至还想到汽油或利器等作为“搏”的工具。听到服务对象滋生的极端想法，社会工作者运用了“目光对峙”的处理方法，迫使服务对象自我反省，不作评判。最后，服务对象不得不开始审视自己报复行为以及报复方式的可怕性。临走时，服务对象主动握住社会工作者的手，并送到了弄堂口。R 某的行动一定程度上反映出其内心的封闭被打开，对社会工作者有了信赖和接纳。

3. 去学校、走单位，服务对象见证了社会给予的爱

对于服务对象的个人权益与其女儿的学习费用，在与其作了具体讨论，并统一了意见后，社会工作者又紧锣密鼓地开始了为其落实更高层次需求的工作。

社会工作者了解到其女儿将面临无钱上学的困境后，先到其女儿的学校，找到校方领导商量减免其女儿的学习费用，但得到的答复是学校目前财政紧张，减免费用难度很大，要作商量。社会工作者没有

气馁，校方既有“商量”的余地，说明有解决的希望。第二个星期，社会工作者抱着“再商量”的希望，再度来到学校。或许社会工作者的努力与诚意打动了校方领导，于是校方决定为服务对象女儿减免3000元的学习费用。对于校方的应诺，服务对象悬在心里的一块石头终于放了下来，露出了久违的笑容。

紧接着，在司法所的支持下，社会工作者请来了某律师事务所的律师，主要了解了服务对象与其原单位工作关系的前后过程，进行分析，厘清思路，帮助服务对象澄清能够主张的权益和非理性要求，并约定下周的某个时间段与服务对象一同去单位主张权益。第一次去服务对象单位，经过艰苦的努力，单位终于答应承担服务对象在事故中受伤时抢救的全部费用，只是领导不在，不能马上兑现。单位的承诺，不管怎样，都说明服务对象权益中的部分权益已经基本得到伸张。

服务对象不曾求助过他人，对维护自己的权益也没有抱过多大希望，在社会工作者运用各方资源为其争取权益和帮助后，让他实实在在地感受到了社会给予的爱，带着爱的温暖，服务对象开始了对自己极端报复想法的反思。

（二）第二节：专业疏导，调整心态，服务对象感受心灵沐浴着阳光

服务对象因巨大压力所造成的焦虑情绪、抑郁倾向以及遭受刺激后难以平复的心理状态，加上不善与人交流，负面情绪无法宣泄等问题，极易造成缺乏理智的行为后果。街道社区矫正心理咨询室的专业咨询师在社会工作者密切配合下，运用心理治疗的手法与技巧加强了对其的心理疏导，主要表现为：

（1）运用人本主义的倾听、同感技巧来建立良好的咨询关系，提供感情交流情绪宣泄的渠道，教会服务对象运用“空椅子”“深呼吸”等情绪放松技术，帮助自己缓解焦虑，淡化焦虑源，引导他将焦虑从抱怨转向解决现实生活的困难之上。

（2）运用现实疗法的咨询理念引导服务对象正视这次遭遇，不

让他停留在“我很倒霉”“我要报复”的认知水平，帮助他拓展到现实的社会领域内，了解自己能做什么，做了什么，将来要做些什么。

（3）因势利导，利用服务对象对女儿愧疚、对生活充满希望的心理，作为提升其心理健康水平的介入点，将其纳入“情绪健康”心理团训小组，让他学会与其他组员相互倾诉，相互交流，并畅谈生活中的希望，以此来调整自己心态，提升自我的心理健康水平。

对服务对象的心理干预，长达4个月之久，在随后的阶段性矫正质量评估中显示出服务对象矫正态度日趋好转，在接受咨询后的自我报告中也表现出其焦虑抑郁的情绪在不断淡化。服务对象变得理性，学会了理性思考。交流中获知他在经常思考这样的问题：如果以命相搏，造成的后果会对女儿的心理与成长产生什么影响？“我要报复”的想法是否正确？原来服务对象将自己承受巨大压力后滋生出的不当想法一直屏蔽起来，生怕影响女儿，现在则主动向女儿坦诚，通过辩论与分析，看成是逆境中提高自己、锻炼女儿的机会，希望女儿能从中获取奋发的力量。现在，社会工作者每次对其进行个别教育或进行其他交流时，其愤怒、迷茫之情已经不再那么强烈，理性、冷静的情绪开始渐渐展现。对长时间积蓄了极大精神压力和不良情绪的服务对象来说，这意味着他的心理健康水平在心理治疗中得到提升，社会工作者明显感受到服务对象的内心开始正向变化。

（三）第三节：法制教育，体会深切，服务对象对犯罪认识有了突破

由于服务对象法律知识欠缺，对自身犯罪行为认识不足，加上生活压力和对单位产生的愤懑心理，无法认同自己的罪犯身份。他在矫正之初的不配合态度，便是这个因素的体现。社会工作者利用逐渐建立起的良好工作关系，不放过任何提高服务对象法制意识的机会，将加强法制教育贯穿于对他监管教育的整个过程。

利用每月的个别教育，社会工作者把“犯罪”“社区矫正”“缓

刑”等与服务对象有直接关联的基本法律概念灌输给他，对他的犯罪经过层层分析，引导其认识被判刑的合理性，促使其逐步认同自己的身份，增强接受监管的服刑意识。

每次的法制讲座，社会工作者都为服务对象另开小灶，将整个讲座内容分为若干个提问，要求其在个别教育或情况汇报中解答，目的在于使其能够对讲座彻底消化吸收，掌握更多法律常识。

无论司法所“律师进居委，法律进社区”的法律宣传平台，还是综治办“七所八所”联合坐场的机会，社会工作者均要求服务对象前往，现场聆听，当场感受，在潜移默化中学习法律常识，同时理解法律的公正性与严肃性，领悟一个公民应承担的权利与义务。

服务对象的犯罪经过，由志愿者律师进行分析，帮助他进一步提高自己犯罪行为的事实认定。在一次情况汇报中，服务对象明确写上了悔罪的话：“我犯罪后，由于法律常识的欠缺，是非分辨能力不足，将怨恨一并归咎单位，而没有冷静地考虑这起交通肇事发生的前因后果，通过你们的教育引导，我总算明白了自己的犯罪行为，这起交通事故自己有不可推卸的责任。”

五、服务过程前期评估

社会工作者按照预先设计好的服务顺序和制订好的服务措施，以整合资源、帮助解决服务对象基本生活作为切入点，辅以心理疏导，以缓解服务对象内心焦虑愤懑的恶劣情绪为服务策略，在进行了近5个月的个性化前期矫正后，服务对象在行为认知上取得了令人欣慰的进步，认识到了考虑问题的片面性和极端想法的错误性，特别是他对自己犯罪的认识有了很大的突破，具体表现在：

服务对象已经彻底改变了对接受矫正不配合的态度，有了正常的服刑意识，对自己所处环境有了渐进式的理解，打消了想用生命“搏”回公道的危险想法，原来彷徨无助、极度焦虑的情绪获得明显缓解。

各方的帮助，加上心理上获得的支持，服务对象感受了很多的社会温暖，不再觉得前面的路似无底深渊，无法逾越。由于对其法制意识的强化，服务对象学会了冷静客观地审视自己的犯罪，认识到自己的行为虽为过失，但给无辜者带来无法挽回的痛苦，如果当时能多为他人的生命安全考虑，就会避免这起交通事故的发生。

六、服务计划的后期实施过程

（一）第四节：单位刁难，苦不堪言，服务对象回暖的心再遭寒流

经过个性化的前期教育矫正，服务对象的认知水平与心理健康状况正在日益好转，其社会功能也正在有效提升。但令人遗憾的是，服务对象单位却出尔反尔，做出了缺乏诚信的事，使他本已回暖的心再起了涟漪。

服务对象根据原单位上次的承诺，到单位领取事故受伤时的抢救费用，并想用这笔救命钱让身体得到起码的康复，却不料单位的领导完全推翻了此前的承诺，说由于服务对象的交通肇事，单位已经蒙受了很大的损失，按照单位的规定，他的行为既然属于犯罪，就自动解除劳动关系，单位没有义务承担此事造成的一切费用。面对单位的恶意刁难，服务对象学会了情绪上的控制，冷静面对单位的反悔，只是提醒单位不要做出不负责任的事，如果自己被侵犯了个人权益，是一定会通过司法途径来争取的。

单位的反复无常、蓄意刁难，让服务对象本已开始回暖的心再次

遭受了寒流，曾经的痛楚难以释怀。但他没有像以往一样徒生愤慨与报复之情，而是把单位的刁难第一时间告诉了社会工作者。

（二）第五节：及时跟进，调整方案，服务对象获取支持，勇敢维权

社会工作者深知服务对象认知的转变、社会功能的提升非常不易，这其中凝聚了很多人的心血。如果此时得不到强有力的支持，他的冷静与理智也许就会因此而前功尽弃，刚刚萌发的动力有可能会变成对社会的彻底绝望，曾经要以命“搏”公道的极端想法或许会变成更为疯狂的报复行为。社会工作者也知道服务对象性格上有固执、倔强的一面，于是宁可信其有，不可信其无。社会工作者将服务对象单位无诚信的表现立即汇报了司法所，一种责任感使然，所长当即电话联系了律师，希望再次出马，帮一帮服务对象。秉持公正职责的律师非常同情服务对象的遭遇，决定第二天就过来商讨对策。

相关链接

链接资源

链接资源是社会工作者在实务工作中经常要做的工作，而有效的资源链接能帮助服务对象在专业人士的帮助下解决具体的困难。社会工作者要对服务对象的基本需要进行评估并根据其需要进行有针对性的资源链接。灵活地调动各种资源帮助服务对象解决自身困难也是社会工作和一般的心理咨询工作最重要的不同，心理咨询往往只聚焦与服务对象自身的心理状况，但社会工作者要关注到其背后的作为一个社会人的整体需要，在自己专业能力所不及的部分有效地帮其链接资源进行协助。作为矫正社会工作而言，链接司法所、律师、劳动就业部门、社会救助部门等资源是矫正社会工作服务中经常要做的工作。

社会工作者对其回归到常态的管理方案及时作了调整：①把服务对象及时叫到司法所，给予其心理上的支持，鼓励其要勇于面对现实，不要因此事件而产生偏执的想法。②争取居民委员会多加关心，便于社会工作者及时掌握服务对象的情绪动态。③与律师约定时间，协助服务对象再去单位据理力争，争取应有的权益。

为了强化服务对象的自我维权意识，社会工作者于第二天，早早约来律师，希望律师作一些有针对性提问，测试一下服务对象是否有能力给自己维权。按照授意，律师问起了服务对象现在的身份是罪犯，已经脱离原有的劳动关系，拿什么理由去争取这笔抢救费用时，服务对象略作思考，认为自己在抢救时，法院尚未判决，不能作为罪犯处理。又因为是工伤，理应由单位支付自己的抢救费用。此时服务对象不再盲目冲动，相当的理智与沉着，令所有人感到意外，社会工作者及时予以正面强化，来增强其信心。当天下午，社会工作者、律师陪同服务对象再次赶到单位，律师的专业论理，服务对象的据理力争，社会工作者对服务对象目前困难的如实反馈，单位领导无言以对，稍作商量后，随即将1.7万多元的费用如数交给了服务对象。事后，社会工作者特地回顾了服务对象在单位据理力争的过程，让服务对象体会成功的感觉。

（三）第六节：学会冷静，回归理性，服务对象开始走向自立

这次维权的成功，是服务对象挖掘自身潜能的最好尝试，同时令他更有自信地面对其他问题。他认为自己虽然没有与单位正式签订劳动合同，但有实际劳动关系，也就有事实的劳动关系的存在，在自己犯罪之前，有权享受与单位的员工一样的权利和待遇。

维权过后的某一天，服务对象产生了对身体损伤做工伤鉴定的想法，并来征求社会工作者的意见。社会工作者以自决的原则希望服务对象自己作抉择。第二天，服务对象希望社会工作者能陪他到单位所在的劳动工伤鉴定所做工伤鉴定。社会工作者随即陪他去了CHN区劳

动工伤鉴定所，因为鉴定超过期限，工伤所依法没有立案受理。服务对象也坦然地接受了这一结果，认为这是自己缺乏必要的法律知识而付出的代价，以后有必要增强自己的法制意识。

（四）第七节：以身说法，参与教育，服务对象引导他人遵纪守法

通过各方的帮助教育，服务对象认清了自己，对自己的犯罪经历有了清醒的认识，时刻不忘社会的真切关爱，服务对象觉得要对社会工作者和司法所有所报答。

在一次法制教育活动中，服务对象主动向社会工作者提出了要利用这次机会现身说法，把自己对犯罪的错误认识，要以命相搏的极端想法，到接受矫正后生活的改变，认识的提高，直至现在认罪、悔罪的心理感受，都告诉大家，希望其他的社区服刑人员，能像自己一样真正提高法制意识，提高行为认知水平。

服务对象认为当时刚刚长途出车回来，且身体也不舒服，完全有权利回绝单位领导的不合理要求，表面上看是碍于面子，实际还是想赚取更多的外快，而根本没有去考虑再次出车的危险性，没有多替别人的安全着想，虽然行为的主观上不是故意，但过失造成的损害一样会触犯刑法。他讲述更多的是自己在接受服务后心路历程的转变，讲述自己的认识是怎么样获得突破的。在后来的迎春座谈会上，服务对象再一次畅谈了自己的感受，特别说到了做人要怀有一颗感恩的心。他的行为为其他的服刑人员起到了良好的示范作用。

（五）第八节：无私帮助，奉献爱心，服务对象开始了赎罪的行动

在一次个别教育中，服务对象谈了自己的想法：认为社会给予了自己很多，而自己却没有能力回报社会，心里很不是滋味。社会工作者及时捕捉了他的想法，进行了正面强化，并及时指出其回报社会的途径：如果有时间，就不妨到敬老院陪老人谈谈心，来抚慰老人的孤独。服务对象听说陪老人说话聊天也是回报社会的途径时，立即决定

抽时间去陪陪老人们。服务对象所去的这家敬老院正好是街道的公益劳动基地，服务对象为了既不影响自己的公益劳动还能抽出更多时间陪老人，干脆将设在单位修理车间的公益劳动转到了敬老院，在完成规定的劳动时间外，尽量抽空儿陪伴老人。一段时间下来，自己在劳动的同时尝到了助人的快乐，感受到了人生的价值。联络员信息反馈中提到了敬老院有几位老人总在想着他。

（六）第九节：竭尽所能，募捐救灾，服务对象将爱心传递到了灾区

服务对象基本的生活来源是失业救济金，还有亲戚在经济上的一些接济。作为单亲家庭，靠仅有的失业救济金和亲戚的照顾维持与女儿的日常开销显得捉襟见肘。

"5·12"汶川特大地震，牵动着全国人民的心，同样也牵动了服务对象的心，他天天关注灾区的新闻，对四川受灾群众的困境感同身受。在地震发生后的第三天，服务对象拿来了50元钱，说灾区人民的困难，自己有深切的感受，"一方有难，八方支援"，要尽己所能捐点钱，把自己的爱心传递给灾区。在他的执意坚持下，社会工作者带他来到街道社保科的募捐箱前。50元对于别人或许算不了什么，而对于服务对象，是应付生活的一笔不小的开支。当服务对象将捐款投到募捐箱的瞬间，所有在场的人被感动了。

此刻的服务对象已经没有了满腹的忧虑、极度的冲动，而是展现了理性与冷静。他战胜自身困难为灾区捐款，只是其中一个闪光点，而不断寻找多种途径回报社会，则是他顺利回归社会的最好见证：奥运期间的交通志愿者中出现了他的身影，街道、居民委员会组织的法制教育活动有了他的身影，发放宣传资料有他的身影，小区义务扫雪有他的身影，绿地草坪的维护有他的身影，相信以后将会在更多的社会公益的活动中出现服务对象的身影。

七、服务过程后期评估

在后期的服务工作中，服务对象的表现又有所提高，不但生活、情绪回归正常，矫正表现更有了新的突破，主要表现在这些方面：

（一）情绪回归正常

服务对象强烈的焦虑倾向与对社会的抵触心理已经完全改变，心理健康水平得到很大提升，学会了从容面对，不断展现着自信。

（二）生活信心提升

服务对象已经找准了生活方向。他不畏年龄偏大，计划参加多个技能培训，拓展就业空间，提高应聘的竞争力。他要用劳动汗水换取劳动果实，回报社会给予的关心和帮助，他要尽己所能为社会作些贡献。

（三）社会功能强化

服务对象本来欠缺的人际交往能力、解决问题的能力得到强化，他知道什么样的问题应该去怎样处理，懂得了与他人沟通的重要性，看待问题有了广度与深度。

（四）法制意识增强

服务对象的法制意识在不断增强，学会了在法律的视野下看待问题，辨别是非能力与自我保护意识有了很大提高。为了将来的工作，服务对象目前正在用心钻研劳动法与劳动合同法，对于一个社区服刑人员来说，相当的难能可贵。

（五）矫正表现突出

服务对象虽然生活还是比较艰难，但现在却有了一颗感恩的心，不仅矫正态度明显好转，积极配合司法所的教育监管，而且还在四处寻找途径回报社会，他的行为在社区服刑人员中间起到示范的效应。

八、个案反思

实施个性化矫正，历时20个月之久，服务对象终于实现从对矫正的极度不满到知罪认罪，再到寻找多种途径回报社会的理性回归。其间虽然问题涉及面很广，波折不断，但社会工作者始终秉承社会工作服务理念，严格遵循工作方法与技巧的运用，并介入心理矫正的工作方法，出色地完成了预先设定的任务，从而终止了对其的个性化教育矫正服务。

要真正促使社区服刑人员从认罪、悔罪到赎罪，发挥社区矫正的功能，就不能忽视矫正过程中每一个环节的设定与对每一个细节的分析，本个案就是社会工作者在开展社区矫正工作过程中个性化矫正的一个比较典型的案例。通过本案例，有几个需要值得反思的地方：

（一）把握个性化矫正个案的精准性

服务对象性格内向、为人本分，无犯罪前科也没有曲折离奇的人生经历，没有反社会性的人格特质，不具劣根性。他的犯罪不是主观上的故意，似乎对社会的危害程度不大。如果社会工作者不去用心把握，不去整合社会资源，给予服务对象多方位的关心，当服务对象看不到生活的希望后，就有可能出现极端的报复方式，造成恶劣的社会影响。要预防犯罪，构建和谐，需要社会工作者用心观察，精准地把握好每个服务对象不同的心理状况，精准地把握好教育引导的每一个细小的工作环节，才是最关键的。

（二）运用社会工作理念的必要性

社会工作者紧紧围绕服务对象准备用生命“搏”回公道这条主线展开工作，虽然发生的风险程度不得而知，但在实施个性化教育矫正中，社会工作的理念与方法的运用相当重要。与服务对象良好工作关系的建立，需要的就是“尊重、平等与接纳”的理念。服务对象在矫正过程中对犯罪过程的进一步认识，并理性回归、融入社会，是基于良好的工作关系开始的。当服务对象的社会功能得到明显提升，从“授人以渔”到“助人自助”，是完全遵循社会工作理念的结果。社会工作不是单一的治标，而是在系统地进行着治本。

（三）掌握心理学知识的迫切性

扩展阅读

社会工作者在接受专业训练的时候会有很多心理咨询和辅导的知识和技能，尤其是在个案工作方法的学习中会涉及很多心理辅导的基本理论和技能，但在实际操作中，社会工作的个案辅导和心理咨询还是有很多区别，比如心理测验和心理诊断技能，这些方面心理咨询和心理治疗以及精神医学相关专业人员比社会工作者更专业，因此在实务工作中遇到类似的问题社会工作者可以链接这些资源和这些专业人员进行合作。但社会工作者自身也有必要进行相关专业知识的学习，丰富心理学相关领域的基本知识，也可以考取心理咨询和治疗方向的相关职业资格证书，以让自己在实务工作中能够提供更加全面的服务。

服务对象成功回归社会，不是仅利用社区资源、运用社会工作专业技巧就能很好地达到矫正目的，本案例中的服务对象有强烈的焦虑情绪、明显的抑郁倾向，不借助专业力量的心理疏导，以及矫正后期的危机干预处理，其矫正的效果肯定不会如此圆满。社会工作者运用心理咨询技巧开展社区矫正工作，有其特殊的必要性和内在的迫切性。同时，社会工作者也需要运用情绪的调整与控制技术，来帮助服务对象宣泄情绪，调整心态。

（四）普及法律知识的重要性

从另外一个角度来看，服务对象也是一个间接的受害者，如果没有这起交通事故的发生，或许就没有生存危机问题的存在，或许还在岗位上尽心尽力。服务对象是法制意识欠缺的牺牲品，由于缺乏法律的基本常识，不懂得对单位不合理要求进行拒绝，加之存有私心，便走上犯罪之路。同样，服务对象的单位，也明显缺乏法制意识而造成社会责任感意识的缺失，只追求利益最大化，不注意管理的合理性与人性化，没有为员工、客户的生命安全多作考虑，其结果也是代价巨大，得不偿失。社会文明程度提高的标志之一就是法制意识、社会责任感意识的提高，在矫正社会工作者看来，预防犯罪，构建和谐，需要良好的普法环境，普及法律知识具有不可替代的重要性，普法之路任重道远。

案例点评

本案例的服务对象因为交通肇事罪被判有期徒刑3年，缓刑5年，进入社区矫正序列，成为社区矫正对象。但服务对象的交通肇事与其工作单位有一定的关系，单位在明知其刚刚长途出车回来比较疲劳且身体不适的情况下要求其再次出车，以致其因疲劳驾驶发生交通事故。

因此服务对象对自己被判的刑罚心存不满，认为单位因为利益驱动是这次事故的主要原因，但最后自己却要承担这么严重的后果，因此内心充满怨恨，萌生出极端想法，想报复原工作单位。而服务对象在生活中因为这次变故也是困难重重，由于车祸让服务对象丢掉了工作，对其身体也造成了一定的伤害，而且还要抚养女儿，家族中能提供的帮助则是微乎其微，服务对象生活上面临很大的困难。对于一个为人憨厚、性格内向、不善交流的人来说，在陷入这样的困境时，一旦萌生出这种极端想法，付诸实践的概率就会很大，因此对于这些极端想法社会工作者必须要重点关注和处理。

社会工作者在经过前期的评估后，发现其除了现实中面临的困境外，心理上也处于情绪易失控，负面情绪较重且易出现极端行为的状态。因此，社会工作者针对这些情况，制订了有效的服务目标和服务计划，在服务计划上有些遗憾的是只列出了前期服务的实施计划，没有对后期的服务计划进行表述。在前期的服务中，社会工作者首先帮助服务对象宣泄情绪，在初次对服务对象进行家访时，做了一名很好的倾听者，听服务对象发泄自己内心的不满。这对于充满负面情绪的服务对象而言是非常重要的，通过社会工作者的同理和倾听让其感受到有人在关注和陪伴着自己，在一定程度上能够极大地缓解服务对象的极端情绪，这个过程也是一个很好的建立专业服务关系的过程。但第一次家访时，社会工作者也遇到了不小的困难，被服务对象拒之门外，社会工作者用自己的坚持和专业精神赢得了服务对象的基本信任，最终打开了家门。在这次家访时有个细节的处理略有欠缺，由于服务对象对矫正宣告是不配合的，不认同自己社区服刑的身份，但社会工作者尝试用“犯罪不是与生俱来，也非个人因素决定，而是由多种社会因素交汇作用而引发”这样的话去劝慰他，这句话本身就表明社会工作者认为服务对象是罪犯这个身份，自然会引发服务对象的不满。这时最好的处理方式是对服务对象的处境进行充分的同理，淡化服务对象“罪犯”的身份，并以适度的倾听给予回应，这样有利于帮助服务对象宣泄情绪，接纳社会工作者。

接下来的服务中社会工作者做得很好的一点是发掘服务对象自身的优势，由于服务对象属于非主观故意的过失犯罪，他的性格内向憨厚，人性中的善良和理性是一直存在的，因此他自己能很好地区分善与恶。虽然在极端情况下容易做出极端事情，但是其本身的性格决定了其在适合的关注和引导下是能够自己反思自己可能的极端行为和后果的。因此社会工作者运用任务中心模式的思路着重帮其化解内心的不满，引导其寻求合理的维权途径。在这个过程中，社会工作者帮其争取到司法救助款和医疗救助卡，这个细节进一步帮助服务对象增加了对社会工作者的信任感，也体会到了一定的社会支持。而帮助其女儿协调学费问题和去原工作单位协调赔偿问题，这些现实问题的解决，对服务对象而言不仅具有现实意义，也帮其逐步树立信心，感受到了自己生存环境中的善意和支持。在疏导其心理问题的过程中，社会工作者和专业心理咨询师合作展开了系统的心理干预，运用人本主义和现实疗法的理论帮服务对象挖掘内在的动力，深化自我认知。在这个过程中很好地利用了“女儿”这个角色，让服务对象感受到亲情带给自己的希望和力量，打消了报复单位的极端想法，重建了对生活的热情和信念。这个过程中，做得不够理想的是，服务对象家庭和社区的介入不够，没有很好地让家庭成员参与进来，对社区资源的运用也不足，没有很好地调动社区资源为其提供支持。另外，在心理干预的阶段，运用的理论和技术有点杂，使用了多种治疗模式进行辅导，但每个模式的运用都浮于表面，不够深入。

在后期的服务中遇到的一个最大的困难是原工作单位对承诺赔偿的反悔，这对矫正对象而言是一个很大的打击，如果处理不好很可能将之前的努力付诸东流。但这也是一个很好的机会，如果能借助这个机会帮助服务对象成功渡过难关，对服务对象而言是一个极大的鼓励，会有效地提升服务对象学会应对困难和合理的解决困难的能力。社会工作者在司法所的帮助下顺利地联系到律师参与服务对象的维权，而且维权的过程也刻意引导服务对象自己思考，帮助他学习正当维权的思路和方法。这个过程不仅仅是帮助服务对象维权，更是真正意义上对矫正服务对象的“赋权”，很好地挖掘了服务对象的潜能，让服务对象对自己和生活充满信心，是一个很好的“增能”的过程。而最后阶段，服务对象的表现则充分证明服务对象的社会功能得到很好的强化，生活已经步入正轨，他不仅现身说法参与矫正宣传，而且积极参与到各类志愿活动和公益活动中去努力帮助别人，回馈社会，在这个过程中升华了自己的人生价值。略有遗憾的是，社会工作者没有对服务对象进行系统的结案，结案的过程是一个形式上、心理上和矫正对象结束正式服务关系的过程，对社会工作者和服务对象都是非常重要的。而且这也是对服务过程的一个总结，通过这个总结会让服务对象更好地反思和体会自己的变化和成长，也会让服务对象更有勇气和信心去面对结案后的生活。

服务对象从最开始排斥矫正宣判，对矫正工作充满敌意，到后来积极参与各种矫正活动并不惜以身说法；从开始时对生活充满绝望，对社会和他人充满戒备和愤怒，到后来的满怀热情，积极参与各种公益活动，矫正对象的变化让我们感受到人性的光辉。而在整个过程中社会工作者通过一点一滴的努力，陪伴着服务对象渡过一个又一个难关，而服务对象在这个过程中的成长和变化也让我们再次看到了社会工作的价值和魅力。

理性的生活来自理性的认知

——理性情绪疗法在矫正认识问题上的运用

上海市新航社区服务总站宝山工作站　孙　蓉

在社区矫正工作中，很多矫正对象的认知问题是其问题行为和不良心理状态的根源。因此，在矫正社会工作实务中如能对矫正对象的认知问题进行干预，通过专业的方法让服务对象的认知模式得到改善，很多问题便可迎刃而解。而理性情绪疗法在矫正认知问题上具有很强的针对性，能够针对非理性的认知进行有效的干预，不仅能够有效地帮助服务对象识别并改变非理性认知，而且可操作性极强，因此在矫正社会工作实务中使用频率非常高。本案例中，社会工作者系统地运用了理性情绪疗法来进行服务，是矫正社会工作服务的一个很好的示范。

一、案例背景

（一）基本资料

服务对象杨某，男，1972 年出生，高中文化程度，未婚。因交通肇事罪，被判有期徒刑一年，缓刑一年。

（二）背景资料

服务对象有一个姐姐，父母刚从新疆退休回沪，家中住房紧张，服务对象和他奶奶住在一起，服务对象父母与其姐姐居住在一起。家中经济原本主要靠服务对象支持，现在服务对象不仅失业，还由于自己驾车不慎，造成他人伤亡，同时自己高位截肢，车祸赔偿费和医药费令家中经济雪上加霜。

二、案例分析

服务对象文化程度较低，法制意识淡薄，认为这次车祸对自己在经济、身体、精神上都造成了巨大的伤害，而且自己也并不是有意为之，但法院没有充分考虑这些方面因素，量刑过重，故对法院的判决心存不满。

服务对象本来的经济状况就较为一般，父母退休回沪后也需要他照顾，而现在失业在家，失去了经济来源。现家中经济只能依靠服务对象父母退休金维持，经济状况日益窘迫。

这场车祸不仅对服务对象的身体带来了永远的残缺，也给服务对象的精神带来了巨大的创伤，对未来悲观失望，心理压力日渐加重。

三、服务计划

运用理性情绪治疗模式，缓解服务对象在情绪和行为上表现出的困扰。

运用理性情绪治疗模式，促使服务对象认清自身的非理性信念，引导服务对象学会换位思考，站在被害人的角度看待此次车祸，从而使服务对象深刻认识到自己的行为对他人、对社会造成的损害，从而使服务对象认罪且服罪。

整合社区资源，协助其申请低保，缓解服务对象的经济压力。

四、实施过程

（一）建立工作关系，收集服务对象资料

服务对象在社区矫正初期宣告时，社会工作者便将社区矫正的各项规定详细告知服务对象，使服务对象明确了作为一名社区服刑人员所应遵守的各项规定。在最初的几次接触中，由于服务对象对社会工作者比较陌生，言谈间流露出了些许防备和排斥心理。

在接下来的工作中，社会工作者一方面加强与服务对象的沟通，

一方面收集服务对象各类资料，以便确定服务对象存在的所有问题。社会工作者认为在收集资料时需要把服务对象置于一定的社会环境中观察和分析，了解服务对象与周围环境之间的互动状况，既要关注服务对象个人的情况，也要关注服务对象所处的周围环境，了解服务对象与周围环境的具体交往方式和过程。社会工作者通过多次上门走访服务对象、服务对象父母、服务对象所在居民委员会、服务对象的管辖民警、电话联络服务对象之前所在的工作单位，全面收集服务对象的资料。

社会工作者将服务对象的材料分为个人资料及环境资料。

个人资料

生理	心理	情绪
车祸造成服务对象高位截肢，行动不便	车祸、残疾、失业等问题困扰，不愿与人交流，心理压力日渐加重	对未来生活失去信心，情绪悲观、行事冲动

周围环境资料

家庭	社区	同辈
主要家庭成员有服务对象的父母、奶奶、姐姐，服务对象的主要支持力量来自家庭	社区居民委员会了解并比较同情服务对象现在的情况	服务对象为知青回沪子女，在上海的朋友本来就不多，事发后与原有朋友圈关系逐渐疏离

第一阶段的工作中，社会工作者通过大量的走访工作，掌握了服务对象的各项资料并进行分析。在与服务对象的交谈中也显露出对于服务对象情况的了解与同情，逐渐消除了服务对象对社会工作者的陌生感与防备心理，愿与社会工作者沟通交流。社会工作者初步建立了与服务对象的工作关系。

（二）分析服务对象问题，确定工作模式

社会工作者根据收集到的关于服务对象的资料进行了分析，认为

服务对象在认知、心理、经济上存在问题和困扰，社会工作者尝试运用理性情绪治疗模式对服务对象进行治疗与帮教。理性情绪治疗模式是由美国心理学家艾利斯提出的，从服务对象的理性、情绪和行为等方面着手，彻底消除服务对象在情绪和行为上表现出的困扰。

理性情绪治疗模式以人本主义作为自己理论的基础，认为人天生就有一种不断追求成长发展的倾向。一种倾向是发展成健康、理性的生活方式，另一种倾向则发展成不良的、非理性的生活方式。服务对象现在的生活发展倾向为不良的、非理性的生活方式。

理性情绪治疗模式对人的心理失调的原因和机制进行了深入的分析，提出比较有影响的 ABC 理论。社会工作者运用 ABC 理论对服务对象的情况进行了分析。

ABC 理论

名称	含义	应用（服务对象）
A 代表引发事件（Activation events）	指服务对象所遇到的当前发生的事件	交通肇事引发车祸
B 代表服务对象的信念系统（Beliefs）	指服务对象对当前所遭遇事件的认识和评价	自己只是过失犯罪，也该获得帮助和同情，法院量刑过重
C 代表引发事件之后出现的各种认知、情绪和行为（Consequences）	指引发事件之后出现的各种认知、情绪和行为	自己是受害者，但受到了不公正对待，未来生活希望渺茫，情绪低落

社会工作者对手中所掌握的服务对象的资料进行了分析，确定了服务对象主要问题及治疗模式，为下一步工作的开展奠定了基础。

（三）采用模式治疗，逐一缓解问题

理性情绪治疗模式比较注重综合运用各种服务介入技巧，主要包括非理性信念的检查和辩论。

1. 反映感受

社会工作者在与服务对象的交谈中着重让服务对象反映自己车祸后的情绪、行为及各种感受。服务对象表示此次车祸对他的打击很大，身体、精神上都遭到重大创伤，失业、伤残、判刑，似乎灾难都降临在自己身上。

2. 辩论

知识链接

辩　论

辩论是理性情绪疗法中的一个核心环节，在识别出非理性信念之后，帮助服务对象与非理性信念进行辩论，使其认识到非理性信念的不合理性并逐步建立理性信念，这是理性情绪疗法中最重要的环节。但由于很多非理性信念是服务对象长期以来认识问题的基本方式，已经成为一种本能的反应，在实务中，辩论的部分往往是最难操作的。因此社会工作者在最开始要和服务对象一起训练，帮助服务对象学习辩论的角度和方法，并通过家庭作业的方式督促服务对象在治疗时间之外自己对生活中导致不良情绪的事件进行这种辩论训练。通过这样反复的训练，服务对象逐渐学会自己识别非理性信念并对其进行辩论的方法，然后得出理性的信念进而改善其不良情绪。

社会工作者对与服务对象的谈话进行了分析，对其中非理性信念的不合理地方进行了质疑，通过与之交谈，认为服务对象对事物的看法只会从自身角度出发，看到的也只有自身的困难和所受的伤害，是一种非理性信念。通过辩论，社会工作者首先动摇了服务对象非理性信念的基础。

3. 角色扮演

为了让服务对象能清晰地认识到自己情绪、行为困扰背后的这种非理性信念，社会工作者让服务对象扮演特定的对象——假设服务对象自己是在车祸中失去生命的受害人（逝去的生命造成破碎的家庭）。社会工作者首先将受害人的家庭现状告之服务对象，再让服务对象通过角色扮演尝试站在受害人的立场上看待事故。受害人因为他人的疏忽，失去了生命，本来受害人也有着对未来生活的目标，然而现在既不能孝敬父母，也不能再为妻儿遮风挡雨。

知识链接

角色扮演是社会工作实务中经常用的心理辅导手段，研究发现，在角色扮演中扮演角色的人更加容易肯定他们扮演的角色所持的观点，更能表现出对所扮演角色的支持。由于服务对象接受了某种角色安排，创造了把所要评价的观点和自我联系起来的条件，在角色扮演中能让服务对象自己去真实地感受和领悟所扮演角色的处境和心境。角色扮演过程也是一个问题呈现的过程，往往能让服务对象在扮演角色的同时反思自己，并能作出自我认知上和行为上的调整，因此在社会工作实务中角色扮演经常能起到意想不到的效果。

从自身和受害人两种心境的对比中让服务对象了解到自己思想的狭隘。社会工作者见服务对象想法有所动摇，则进一步对他进行开导：“车祸虽然夺去了你的一条腿，但保住了你的生命，你还有疼爱你的父母，未来通过自己的努力和社会的关心，一样能创造美好的生活，你还有很多可能性，而车祸中失去生命的受害人，就没有任何的可能了。”服务对象反思后说道：“我一直沉溺于自己的痛苦中，埋怨上天的不公，也埋怨法院判决的不公，真是只会怨天怨地怨人，现在想来这些只会让自己更加愤世嫉俗。现在站在受害人的立场，冷静理智地深思自己对他造成的伤害，真的感到十分内疚和懊悔。因为自己的过失，最终造成了这起车祸，现在所受的惩罚也是罪有应得的。”通过有针对性地谈话，使服务对象逐渐认识到自己的非理性信念和悲观的情绪，认清了自己的过错，认罪且服罪，还能用一颗感恩之心看待生活，情绪有所缓和。

4. 去灾难化

在平时的接触中，社会工作者发现服务对象对未来生活的悲观也是造成他心理问题的重要成因。社会工作者设法让服务对象坦露自己当前最担心害怕的事情。服务对象表示：“我现在残疾了，本来父母是要靠自己养老，现在自己全靠年迈的父母照顾，安装假肢的高额费用，失业在家没有经济来源，自己已成为家庭经济的包袱，自己是一个没有未来的人。”通过了解，服务对象目前的经济状况十分紧张，对未来悲观失望，社会工作者积极整合了社区资源，协助服务对象办理了低保，缓解了服务对象的燃眉之急。社会工作者还利用此事开导服务对象，“世上没有什么事能一蹴而就，面对困难只有一步步解决，低保并不能完全解决你的经济问题，但至少给了你一个保障，也是社会对你的支持，接下来的路是要靠你自己走出来的。”此举使服务对象认识到遇到困难只有面对才有可能解决，自怨自艾是没有任何作用的。

5. 理性功课

在与服务对象的交谈中，社会工作者发觉服务对象在对自己未来的描述中，运用了“一定或肯定”等语言模式进行负面评价，如自己一定被人看不起、自己肯定没希望了等。社会工作者针对此点，劝导服务对象改变这种非理性信念的语言模式，看待事物尽量从积极、乐观的方面入手，不要使用绝对的肯定词，努力养成理性的思维方式。

6. 示范

残奥火炬手金晶的事迹感动了中国，社会工作者及时抓住此点，结合残奥精神，与服务对象共同探讨残疾人奥运会及金晶都带给了他什么。服务对象表示金晶的身体状况与自己相似，但凭着她的乐观、爱国精神，感动了中国，也获得了人们的尊敬。可见，身体的健全并非生活的全部，人更重要的是要有精神。金晶的事迹对服务对象触动很大，这对他是一个很好的示范，能促使他学习金晶的乐观及面对生活的勇气。

在第三阶段的工作中，社会工作者通过运用理性情绪治疗模式的治疗技巧，使服务对象认识到自己的非理性信念，通过与非理性信念辩论，学习理性生活方式。

五、案例评估

经过一段时间有计划、有意识的帮教工作，服务对象的许多问题得以缓解。

（1）通过理性情绪治疗模式中的反映感受、辩论、角色扮演等技巧，使服务对象不仅认识到自身的错误，而且认罪、服罪，增强了他的法制意识，认识到自己身上的非理性信念。

（2）通过去灾难化的工作技巧，使服务对象正确面对目前他心中最大的恐惧、压力，社会工作者与服务对象共同面对，协助服务对象申请了低保，服务对象的经济和心理压力都有所舒缓，情绪逐渐平稳。

（3）通过理性功课、示范等技巧，转变服务对象的非理性信念，建立理性生活方式，减轻服务对象的心理压力，重建对未来生活的信心。

六、专业反思

在这几个阶段的工作中，社会工作者通过理性情绪治疗模式等一系列工作技巧，主要针对的是服务对象的情绪及认知问题，使他的许多问题得到了缓解。此案例使社会工作者认识到对于服务对象问题产生的成因，应通过全方位资料收集与分析，选择最具有针对性的工作技巧，这样才能达到事半功倍的效果。

服务对象的问题取得了阶段性的效果，但还是存在许多现实问题，如经济压力、工作问题等。理性情绪治疗模式强调，人的自由选择是相对的，易受到环境和周围人的影响。如上述问题难以解决或反复出现，很容易改变服务对象的认知与情绪，进而影响服务对象的行为。所以在下一步工作中，社会工作者将巩固前期工作的辅导效果，引导服务对象在自己的实际生活中运用理性的生活方式，逐步树立理性生活信念，并协助服务对象处理现实问题。

案例点评

本案例的矫正服务对象因交通肇事罪被判刑，虽然违法情节不严重，但其自身的处境却因为交通事故后的巨额赔偿和因此导致的肢体残疾而格外艰难。服务对象的家庭经济状况本来就不好，车祸赔偿金和其车祸后的医药费让他的家庭经济状况瞬间陷入窘境。肢体上的残疾不仅使服务对象以后很难找到工作，而且肢体的残疾所带来的丧失感也会让他背上沉重的精神包袱，对生活极度悲观。在矫正宣判的问题上，服务对象认为自己不是故意犯罪，而且自己也受到了巨大的伤害，认为法院判决太重，心存不满。面对这样的服务对象，如何进行有效的社会工作服务，帮助服务对象在接受社区矫正的同时渡过难关、重获新生，对社会工作者而言是一个巨大的挑战。

在初步预估的基础上，社会工作者制订出具体的服务计划，一方面帮助服务对象运用理性情绪治疗模式缓解其情绪困扰并澄清非理性信念，帮其接纳自己的矫正对象身份；另一方面帮助服务对象整合资源，申请低保缓解实际生活压力。这个服务计划抓住了服务对象面临的最主要的问题，且具有较好的操作性。但服务计划的制订也存在比较明显的不足，在计划上看，关注的角度太窄，不够全面，没有对其家庭、社区环境等层面进行干预的计划。另外，对服务对象现实问题的解决上，资源链接的视野偏窄，如有可能，最好能帮助服务对象链接更多的资源，比如帮其联系残联，申请残疾人相关的救助，或者链接到残疾人就业和就业培训的相关资源，会对服务对象的现实状况有很好的缓解。

社会工作者在对服务对象进行系统的理性情绪模式的干预之前，运用生态系统的视角全面收集服务对象的资料，这个资料收集的过程为下一环节的理性情绪模式的介入打下良好的基础。既有个人的生理、心理和情绪层面的资料，也有家庭、社区和同辈群体的资料，将服务对象置于其所生活的环境中，关注其与环境的互动状况，这是生态系统理论模式分析问题的基本视角。在这个阶段的资料收集比较全面，但有一些细节问题值得商榷。

从整个案例的角度来看，这些资料的收集可以放在预估阶段，制订服务目标和具体服务计划之前。如果能在制订目标和计划之前进行这种生态系统视角的资料收集，会让服务目标和计划更加完善。另外，既然前期进行了生态系统视角的全面资料分析，最好能在后面的服务中利用好这些资料，适当地进行生态系统视角下的矫正社会工作服务。但本案例中把这些生态系统视角下的信息和资料只用于辅助理性情绪疗法的过程，或多或少有点大材小用，没有很好地回应服务对象的多个层面需求。单就矫正社会工作运用理性情绪疗法的过程来看，本案例是非常成功的，矫正社会工作者对理性情绪疗法的把握和运用很到位，对服务对象当下心理困境中的非理性信念，进行了准确的识别和把握。服务对象认为自己是过失犯罪，法院量刑过重，认为自己受到不公正对待，情绪低落，对生活也比较失望。因此接下来的服务过程则重点聚焦于服务对象的非理性信念进行系统干预。在理性情绪疗法的流程上，社会工作者也把握得很好，先从反映感受开始，然后通过辩论和角色扮演来改变服务对象的非理性信念，并通过理性功课和示范来强化服务对象的理性思维方式。在理性治疗阶段，社会工作者对矫正对象语言习惯中的关键词反映出的服务对象的非理性信念的问题进行引导，帮助服务对象关注并改变绝对化的用词，尤其是用绝对化的词来进行负面评价。这个环节的处理体现了社会工作者对理性情绪疗法的把握是非常专业的。非理性的信念在语言上能通过一些关键词表现出来，例如，绝对化、以偏概全、灾难化等都有一些对应的常用的关键词。对服务对象而言，由于语言的建构意义，对这些关键词的使用能够强化服务对象的非理性信念。但另一方面通过对这些关键词的识别也能快速准确地帮助社会工作者识别服务对象的非理性信念。在理性情绪的治疗中，让对象警惕这些关键词的使用，改变非理性信念的语言模式，对帮助服务对象改变非理性思维方式有很大的帮助。

在运用理性情绪疗法的过程中也有一些可以进一步完善的空间。首先，在整个理性情绪介入中，主要关注了服务对象几个主要的非理性信念导致的心理困扰，对服务对象识别非理性信念并对其进行辩论进而建立理性信念的方法训练不充分。其次，在最关键的辩论部分也给人浮于表面的感觉，最好能系统地进行非理性信念辩论方法的练习，并通过多次的家庭作业和作业的反馈来巩固服务对象对这种方法的掌握。最后，示范阶段用公众人物的事迹作为示范，对理性情绪的系统介入过程来说效果有限，只是作为一个启发，让其学习乐观精神是有效的，但放在理性情绪疗法的一个实施环节是不太合适的。

通过最后的案例评估能看到，理性情绪疗法对服务对象的介入效果比较明显，对服务对象的认知改变较大，服务对象的心理压力和情绪问题也有了很大的缓解，生活的信心也得到了增强。但和很多案例中的评估一样，评估内容只关注服务结果，没有对服务过程进行评估。评估阶段的第一部分着重强调通过理性情绪疗法的过程让服务对象认识到自身的罪错，认罪且服罪，认识到自身的非理性信念，将此作为理性情绪疗法的一个有效性的体现是不妥的。理性情绪疗法应该更关注其应对非理性信念的能力，而认罪和服罪只是一个表层的体现。本案例中的服务对象是因交通肇事的过失犯罪，帮其意识到自己接受社区矫正是合理的，应该配合矫正工作的开展即可，过分强调犯罪的概念，有导致服务对象被贴上犯罪标签的风险，这样会导致适得其反的效果。

本案例通过理性情绪疗法对服务对象的认知问题进行系统的干预和矫正，抓住了矫正工作中的核心问题，服务对象的认知问题和情绪问题的解决，为矫正对象顺利完成矫正回归社会打下良好的基础。但服务对象还有家庭、社区、同辈群体以及其他社会支持网络问题及求职等现实需求问题需要社会工作者去关注和解决，由于本案例尚未结案，期待社会工作者在接下来的服务中能继续发挥社会工作的专业精神，用自己的专业能力去帮助服务对象使其生活步入正轨。

迷途旅人的回归

——生态系统视角下的社区矫正介入

上海市新航社区服务总站长宁工作站　陈建婷

姚某，因诈骗罪被判入狱。出狱后，孩子不管她，一奶同胞的兄弟不管她，他们都恨她、怨她，她失去了可利用的正常家庭和社会支持系统，无家可归，一无所有，只有所谓的“朋友”累犯，要矫正其行为，使其真正回归社会，难度较大。本案例中，社会工作者将社会工作专业与中国本土社区矫正工作相结合，运用生态系统理论，整合各类社会资源，帮助姚某顺利渡过矫正期，使其生活步入正轨。

一、背景介绍

（一）个人信息

（1）姓名：姚某。

（2）性别：女。

（3）出生年月：1951 年 2 月 23 日。

（4）民族：汉族。

（5）文化程度：初中。

（二）罪错缘由

（1）案由：因犯诈骗罪被某区人民法院判处有期徒刑 2 年，并处罚金 2 万元，剥夺政治权利 22 个月。

（2）矫正类别：剥夺政治权利

（3）矫正等级：二级

（三）社会生活史

姚某出生在一个普通的工人家庭，她是家中唯一的女孩，有两个兄长，一个弟弟，父母兄弟都非常宠爱她。但因社会原因，生活经历比较坎坷。

1997 年 5 月，因诈骗罪在上海监狱服刑，2005 年 7 月，刑满释放。

2006年8月22日，又因涉嫌诈骗被上海市公安局某分局拘留，同年9月27日，被依法逮捕。

2008年8月21日，刑满释放回到社区。

（四）家庭生态

姚某父母都已过世，两个兄长和一个弟弟都分开居住生活，由于她一犯再犯，兄弟们都不愿意再过问她的事情，但她与二哥和弟弟的感情比较好。

姚某个人生活也是一团糟，离异，独生女儿业已成家且不愿认她这个母亲，已与她断绝来往，甚至她在监狱生病、生命垂危，女儿都没去探望她。

二、理论模式

根据服务对象姚某的实际情况以及社会工作者自身的专业优势，我们认为，对于服务对象姚某的专业介入主要可以借鉴生态系统理论。

生态系统理论是目前社会工作实务中主导性的理论，结合本案例具体情况，该理论对我们具有现实指导意义的主要观点如下：

（1）承认服务对象自身的能动性，注重服务对象自身优势的挖掘。

（2）强调服务对象的“全人观”，认为服务对象自身是一个系统，由三个子系统构成，包括生理、心理和社会三大子系统，这三个子系统相互促动。

（3）认为服务对象生活在社会系统中，这个社会系统包括家庭、社区、监狱、社会工作站、单位等诸多子系统，这些子系统同样相互影响。

（4）主张服务对象系统和社会系统相互促进，共同构成了另一个更大的系统。

（5）认为服务对象的问题不是孤立的，所以，对服务对象的介入也不能是单方面的，而应该是系统地介入。

（6）社会工作者在系统介入的过程中扮演着教育者、矫正者、倡导者、组织者、资源链接者等多种角色。

（7）社会工作者对服务对象的介入方法同样也不是单一的，而应该是多元的、综合的、系统的、有机统一的。

三、问题预估

（一）生活系统问题

在姚某被拘捕之前，一债主找到她要求她还钱。她没有钱还债，在债主的逼迫下，将其仅有的居住房租给债主，约定月租金 100 元用来抵债，直到还清债务为止。现该房被债主租给他人居住，她无法要回房子，继而无家可归，无房居住。

姚某除了无家可归外，还没有生活来源。她没有缴纳过社会统筹金，也就是说她没有社会保障。再加上年龄已经偏大，身体健康状况也不是很好，只有初中文化程度，也没有什么劳动技能，想找份工作糊口都很难，最大的问题就是她将如何生存下去。

很显然，服务对象姚某面临着一系列的生活问题，其中，长远的问题是重获新生，融入社会，而最为迫切的近期问题则是现实的生存问题，尤其是住房及社会保障问题成了解决姚某诸多问题的关键所在。

（二）社会系统问题

女儿不管她，一奶同胞的兄弟不管她，他们都恨她、怨她，她没有可利用的正常的家庭和社会支持系统，很可能重回她那个所谓的“朋友”圈子。

姚某多年在社会上行骗，1997 年曾因诈骗被判过刑，但出来没不久就又重操旧业，继续在社会上行骗，对于这样的累犯，要矫正其行为，使其真正回归社会，难度非常大。

（三）心理系统问题

在日常接触中，可以很明显地感受到服务对象姚某在情感、认知等心理方面存在有明显问题，有鉴于此，社会工作者通过 SCL90 心理测评量表对姚某的心理健康状况进行了评估。从心理测评结果看，她情绪方面有焦虑、抑郁症状并伴有失眠。

（四）资源系统

尽管服务对象姚某面临着一系列的问题，但是，我们同样可以发现，服务对象姚某还有一个重大的优势，这个优势主要表现为姚某所拥有的资源系统。

具体资源如下图：

在目前的社区矫正工作覆盖下，原来相对孤单的矫正人员被重新纳入了社会照顾系统之中。这样，服务对象姚某并非孤单，而且也并非只有家庭等非正式的私人系统，社区、居民委员会、街道、社会工作点等正式组织的公共组织同样也成为姚某的可用资源。就此而言，这是社区矫正工作给服务对象带来的巨大福祉。

在此后的矫正工作实务开展过程中，我们也正是从上述资源入手，对服务对象姚某进行了系统介入，并取得了可喜的成果。

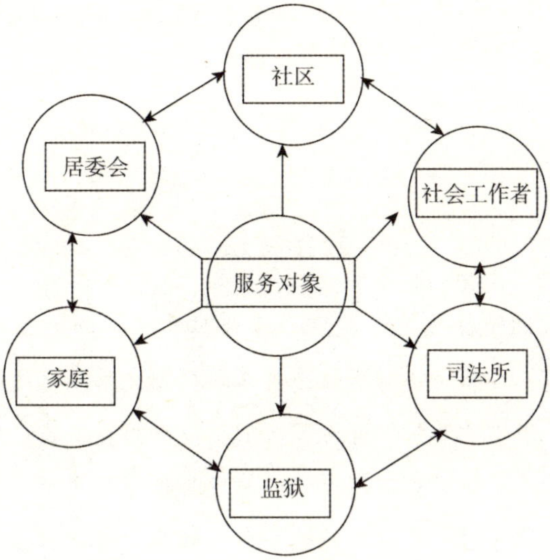

四、服务计划

（一）服务目标

结合服务对象的具体情况，社会工作者将服务对象的介入目标划分为总体目标和具体目标：

1. 总体目标

（1）矫正服务对象的偏差行为。

（2）帮助服务对象重新融入社会。

2. 具体目标

（1）厘清房子纠纷，维护服务对象合法权益。

（2）整合社区资源，建立社会支持系统，解决服务对象生存、生活问题。

（3）协调亲子、亲属关系，重建家庭支持系统。

（4）加强法制教育，帮助服务对象树立正确的荣辱观和价值观。

（5）鼓励服务对象参与有益的社区活动，远离原来的“朋友”圈子。

知识链接

社会交往

社会交往问题往往是社区矫正服务对象面临的最主要的问题之一，在社区矫正过程中，矫正服务对象的社会交往圈子对矫正服务对象影响很大，但由于其特殊身份，他们往往很难建立良好的支持性的社会交往圈子，反而那些破坏性的、导致其犯罪的原有交往体系却很容易成为矫正服务对象可以依赖的关系。因此，矫正社会工作者经常用“交往阻断法”“结构松动法”“替代法”来帮助矫正服务对象远离原来的社交圈子。交往阻断法主要是矫正社会工作者通过自己的介入让矫正服务对象断绝与原交往体系的联结。结构松动法主要是通过分析矫正服务对象的交往对象结构，分析其权利关系，通过矫正社会工作的介入，逐步改变其交往对象的权利结构和数量结构，弱化不良关系，强化有效的积极关系，促成矫正服务对象交往结构的转变。替代法就是通过建立新的交往体系来替代原有的交往体系。

（二）服务策略

根据以上目标，本案例将具体介入计划细分为如下几步：

（1）与服务对象交流，了解房子问题始末，协助服务对象解决纠纷，依法维护服务对象合法权益。

（2）与街道、社区和居委会进行沟通、协调、协商，争取他们的支持，解决服务对象的生存问题。

（3）与服务对象女儿、亲属沟通，争取他们的支持，重建家庭支持系统。

（4）引导服务对象参加社区活动，学习法律知识，争取亲人的谅解，找回失去的亲情。

（5）为服务对象提供心理健康咨询，澄清服务对象问题，激发服务对象改变现状的内在动力。

（6）建议服务对象参加社区服刑人员生命教育活动。

（7）跟进服务。

五、服务计划实施过程

结合对服务对象姚某的问题分析及制订计划，我们具体的介入方式和主要过程如下：

（一）监狱访谈，提前实施矫正工作系统

姚某在上海女子监狱服刑期间，街道司法所专职干部、社会工作者一起到监狱去探望她，她非常感动。她不但在社会上行骗，骗他人，还在家人、亲属间行骗。女儿不认她，兄弟不理她，在她服刑期间，甚至她在监狱生病被送到监狱医院都没有人去看过她。司法专职干部、社会工作者进行了探望。

在监狱访谈过程中，姚某说，在她被拘捕前，为了逃避法律的制裁，她东躲西藏，有一天被一债主找到，逼她还钱，迫于无奈，她把仅有的房产以租赁的形式交付于债主，并约定月租金人民币 100 元，以租金抵还债务。待刑满释放她没有地方可以栖身，也没有亲人可以投奔，因为女儿和兄弟都不接纳她。

司法专职干部和社会工作者了解到这一情况感觉非常棘手，一方面，安慰姚某安心服刑，好好改造，等她出狱后，协助她一起解决；另一方面，考虑姚某的问题该如何解决。

（二）全面调查，明确服务对象问题系统

监狱访谈回到社区后，司法专职干部、社会工作者就开始着手调查了解，搜集姚某的相关信息。

（1）到居民委员会调查了解姚某的家庭情况、成长经历、社会关系，以及目前居住在姚某房子里的人的情况及其与姚某所说的债主的关系等。

相关链接

社区矫正对象面临的实际困难和需要往往是社区矫正社会工作中要面临的首要问题，这些问题涉及服务对象回归社区后的基本生活，包括衣、食、住、行等各个方面，而这些最基本层次的需要如果不能得到有效的满足，更进一步的社区矫正便难以进行。在现实生活中，这些实际问题往往成为社区矫正社会工作者面临的最棘手的问题。在社区矫正实务中，可以通过社会工作者充分发挥资源链接者的作用，充分挖掘并调动矫正服务对象的资源来帮助矫正服务对象解决现实生活中的实际困难。

（2）到小区物业了解姚某的房产状况。

（3）到区房地产交易中心调查了解该房产的权属状况。

（4）通过居民委员会做其亲属工作，希望他们能够接纳姚某。

（三）庄严宣告，纳入社区矫正系统

姚某的社区矫正宣告日当天雨下得很大，马路上积水很深。为了强调法律和社区矫正的严肃性，树立姚某的在刑意识，社区民警、司法专职干部和社会工作者蹚着雨水赶到宣告地点，穿着湿淋淋的衣服进行矫正宣告。这次特殊的宣告会，使姚某意识到法律的严肃性是任

何人、任何事都不能超越的。

（四）化解纠纷，维护服务对象权益系统

姚某虽然暂时找到了栖身之地，但并非长久之计。考虑到姚某当初把房子租与债主，一是被债主胁迫，二是就房屋租金来说显失公平。这份口头协议是违法的，为了维护服务对象的合法权益，一方面，司法专职干部、社会工作者和居委会调解员多次与现房屋租住人、原房屋租赁人（债主）联系沟通、协调，晓以利害，争取协商解决此事；另一方面，要求姚某做好协商不成的准备，通过法律途径解决此事。

通过多方努力和姚某的积极配合，姚某于前不久已要回自己的房屋。

（五）协调关系，重建家庭支持系统

社会工作者为了重建姚某的家庭支持系统，使其重拾往日的亲情，感受家庭的温暖，多方与其亲属联系，希望他们能够原谅和接纳姚某，并和社会工作者一起做好她的矫正工作。尽管多次碰壁，但社会工作者始终没有放弃，终于社会工作者的耐心和坚持感动了她的二哥和弟弟，他们表示，只要姚某肯好好做人、好好做事，他们可以原谅她，也可以接纳她，并且还表示，他们不仅可以配合社会工作者一起做工作，还可以在经济上给予她一定的帮助。

他们的态度使重建姚某家庭支持系统的工作有了一定的进展，同时也给了社会工作者极大的信心。

（六）整合社区资源，建立社会支持系统

为了解决姚某的生存问题，社会工作者整合社区资源：一是在邻居的帮助下解决了她的临时居住问题，二是陪同她到社区事务受理中心咨询有关社会保障问题，三是指导她建立社保账户和相关社会保障的各种手续，从而初步建立起了社会支持系统。

（七）助其自助，重建服务对象生活系统

服务对象只有初中文化程度，年龄也已 57 岁，且患有严重的高血压病，想要就业是不太可能的。社会工作者在与她沟通交流时了解到，她临时居住的地方是邻居开的一家小店，小店缺少一名照看店铺的人。社会工作者就鼓励她与邻居谈谈，第一层意思是要做一个知恩图报的人，在她最困难的时候，人家向她伸出了援助之手，不能白吃白住，提出帮人家做点事情。第二层意思是帮人家做点事自己住得心安理得一点，自己有事情做也有利于调节情绪和心理。第三层意思是如果肯让你帮忙，自己做得好点，他既然让你住又肯让你帮忙，还了解你目前的处境，一定也不会让你白辛苦，那么不管给你多少报酬，都可以缓解目前的生活压力。姚某觉得社会工作者说得很有道理，就去做了，每月收入 400 元。

（八）优势视角，再造服务对象自我系统

社会工作者运用心理咨询的技巧和方法，帮助姚某澄清问题，激发起其内在的矫正动力。

（1）社会工作者与其一起回顾其婚后的家庭生活，女儿的出生，家庭的温馨，第一次家庭问题的出现，与丈夫的离婚，离婚后的生活，第一次骗人的经历，监狱生活，女儿不认她这个母亲的原因等，帮助她澄清问题。让她知道是什么改变了她的生活？这种生活是不是她所要的生活？她想要的生活是什么？

（2）社会工作者与其一起回顾其婚前的家庭生活，描述她的父母是怎样的人，父母对她的期望是什么，父母是如何培养她的，使其了解自己的人生道路是怎样的。

（3）让她描述兄弟姐妹之间以前的关系、现在的关系，关系改变的原因，使其感受以前被关爱的甜蜜和温馨，对比现在的众叛亲离、衣食无着的窘境，深刻反省自己的行为给自己带来了什么，给亲人们

带来了什么，是不是继续走下去，还是改变一下自己，重新回到自己的亲人身旁。

（4）哥哥、弟弟已经表示原谅她，希望不要再次让自己的亲人伤心和失望。现在，女儿尚未原谅她，应该好好想想怎样才能找回自己已经失去的女儿。

扩展阅读

优势视角关注人的内在力量和优势资源，强调把人们及其环境中的优势和资源作为社会工作助人过程中所关注的焦点，而非关注其问题和病理。优势视角认为人所具备的能力及其内部资源能帮助他们有效地应对生活中的挑战。社会工作者在实务中就是要发现、寻求、探索及利用服务对象的优势和资源，协助他们达到自己的目标，实现服务对象的改变。对社区矫正服务对象而言，在社区矫正过程中往往是处于资源上的弱势，缺少社会支持。而运用优势视角帮助矫正服务对象挖掘自身资源，关注其自身的优势，并在此基础上帮助矫正服务对象找回信心，对矫正服务对象的矫正和转变具有重要的意义和良好的效果。

（九）生命教育，重塑服务对象价值系统

剥夺政治权利的社区矫正对象可以不参加集中学习，但为了让姚某远离以前的那些所谓的“朋友”，社会工作者建议她参加社区服刑人员的生命教育活动。她接受了建议，并坚持每次都来参加活动。

人不仅存在于自然生态中，也存在于社会生态中。生活是“生命”“活着”的体现，是“生命”所有“活动”的总和，“生命”存在的不同，会造成“生活”的不同，“活动”方式的不同。著名教育家陶行知指出：“教育不通过生活是没有用的，需要生活的教育，用生

活来教育，为生活而教育。”生命教育的重要性在于对于生命的重视与尊重，在于对自身环境的协调融合。

社会工作者希望通过生命教育使其懂得珍爱自己的生命，善待自己的生命，继而珍爱他人的生命，重树自己的荣辱观和价值观。

（十）多方介入，构建服务对象帮教系统

在对服务对象姚某的帮教过程中，监狱干警、司法干部、社会工作者、居民委员会干部、家人亲属等不同的人员先后以不同的方式进行介入，在这样一个齐抓共管、携手同进的情境下，服务对象姚某发生了明显的改变。她表示要告别过去，开始新的生活。

六、持续服务

尽管姚某的矫正取得了一定的效果，但是，毕竟姚某本身属于惯犯，而且，其所面临的问题众多，不可能一蹴而就，对姚某的矫正帮教工作可能是一个长期的工作，因此，我们进一步研究了后续的跟进服务。

（1）姚某多次入狱，可谓恶习很深。对于她的行为矫正不是一朝一夕就能成功的，比行为矫正更艰难的还有她的认知矫正，这是我们后面需要长期持续关注的重点。

（2）姚某与原来的所谓“朋友”还存在许多联系，受他们的影响，很可能使矫正工作前功尽弃，这就要求社会工作者不能因其有所改变就放松矫正工作，我们接下来需要进一步关注她的同伴群体。

（3）姚某最关键的还有社会融入问题，目前看来，这方面还有更多的工作需要我们去做。

七、案例评估

通过提前介入工作和初级阶段的矫正工作，我们取得了一定的矫正效果。综合许多方面的评估，我们认为，服务对象姚某出现了一定程度的好转，具体体现如下：

（1）通过房屋纠纷的协调解决，维护了服务对象的合法权益，从而也与服务对象建立起了良好的专业关系。

（2）通过整合社区资源，为姚某建立了社保账号，办理了劳动手册，解决了其基本生活问题。

（3）通过重建家庭支持系统，使其在生活上、经济上和心理上有了亲属的支持。同时，部分亲属态度的转变也为今后的矫正工作提供了家庭支持和帮助。

（4）通过建立社会支持系统和心理疏导，缓解了服务对象的心理压力和经济压力，同时更激发了服务对象内在的矫正动力。因此，她表示告别过去，重新开始新生活，不会再让所有关心她的人失望。

除了服务对象姚某的积极改变之外，社会工作者在本案的服务过程中也有许多体会。同时，在专业方法的运用上也多了一份心得，尤其是对社会工作专业与中国本土社区矫正工作的相互结合上有了更多的认识。

八、专业反思

经过多方帮教，服务对象姚某已经在逐渐发生可喜的变化。总结整个矫正工作实施过程，我们有许多感慨。

（一）优势视角的重要性

生态系统理论比较强调服务对象本身的积极能动性，而不仅仅是主张服务对象消极地适应环境。在本案例中，社会工作者首先挖掘服务对象的自身优势，其次，进一步整合服务对象环境中的资源优势，这也是本案顺利开展的基本保障。

（二）全人观点的正确性

原来我们常常割裂地看待服务对象问题，甚至将服务对象的问题简单化为衣、食、住、行等低层次问题，事实并非如此。马斯洛的生存层次理论已经很明显地揭示了人的多层次需求，生态系统理论又一次用系统的观点揭示出了服务对象多元化的需求，社会工作强调需求中心，如果我们不能够全面把握服务对象需求系统，可想而知的是，我们的工作注定将会走偏。

（三）社会系统的关键性

人都是社会性的，同时，人也是社会环境中的人，而社会环境实际上也是一个有机系统，每个人都不可能脱离这些系统。在服务对象姚某的转变过程中，多样化的社会系统起到了非常好的促进作用。

（四）核心系统的特殊性

虽然人都是处于系统之中，每个子系统又相互影响，但事实上，特别值得我们注意的是，每个子系统对矫正服务对象所产生的影响并非同等重要，这意味着我们在对所有子系统密切关注的同时，尤其要进一步关注核心子系统。在本案中，服务对象姚某的核心子系统应该是家庭，遗憾的是，到目前为止，这个家庭子系统尚未完全正常化，在后续的工作中，我们将对姚某的家庭进行持续深入的介入。

案例点评

本案例作为运用生态系统理论介入社区矫正服务对象的典型案例，从服务对象生活空间的各个层面进行分析和干预，对服务对象自身的问题置于其所生活的环境中去理解和介入，对服务对象的矫正和转变起到良好的效果。

本案例的服务对象属于累犯，两次因诈骗罪入狱，且第一次释放之后仅仅一年又因诈骗被拘留，这类矫正对象属于再犯罪率较高的类型。而矫正服务对象本身，文化层次低（只有初中文化），人生经历坎坷，经历过多次人生转折事件。这些经历对其现在的身心状态和生活状态都产生重要的影响。而生态系统理论恰恰关注这些人生经历以及其在这个过程中与环境的互动和适应状况对其自身的影响，选用生态系统理论作为服务对象矫正介入的主要理论指导可谓恰到好处。

社会工作者在对生态系统理论的理解和把握上比较到位，准确地把握住了生态系统理论的核心观点，关注服务对象自身以及环境的各个子系统，而且提出了多元、综合、系统的社会工作介入方法。但生态系统理论也格外强调人与环境的互动和相互适应度，在应用该理论时要特别关注这一点，即关注人在环境中的胜任能力和适应度。

在对服务对象进行问题预估的时候，社会工作者对其生活系统中面临的一些现实问题，比如住房、生活来源、心理、社会融入等问题，以及其所处的社会资源系统等都进行了全面的预估，比较完整地呈现了服务对象的一系列问题，为接下来的服务开展打下了良好的基础。遗憾的是在这个预估过程中没有紧扣生态系统理论，预估的逻辑性和完整性有所欠缺。最好能先从服务对象自身的身心系统进行预估，然后再对其家庭系统、社区、社会等系统进行预估，并对其各个系统的优势和问题都进行分析，这样会让预估的结果更加完善、清晰。

在服务计划环节上，社会工作者在前面综合性预估的基础上提出了服务目标和策略，非常具有操作性和针对性。这个环节中，目标的分类清晰，总目标和具体目标都能有效地回应前期的预估中呈现出的问题，而且具体目标的层次性也比较明显。而服务策略的制订则关注到了服务对象的各个系统，具有较好的逻辑联系。

在具体服务实施时，社会工作者按部就班地对服务对象各个系统的问题进行分析，并探讨对策。首先，在矫正对象出狱前便进行探访，做好矫正准备工作，这种无缝的服务衔接也体现了这次矫正工作的周到和细致。而这次探访，不仅提前了解了服务对象的基本情况，也让矫正对象接纳了社会工作者，为后期良好的矫正服务关系打下基础。在解决服务对象的现实需求问题上，矫正社会工作者充分发挥了资源协调者以及支持者的角色，通过各方协调，帮助服务对象解决房产归属问题，同时也通过协调居民委员会和亲属帮助服务对象先落脚，这些都是非常重要的服务环节，没有这些现实问题的解决，后续的服务很难跟进。

当这些现实问题解决后，社会工作者开始帮助服务对象重建其家庭、社区和生活系统，社会工作者在这个过程中努力为矫正对象争取支持，尤其是在重建其家庭支持系统过程中克服了重重困难，从矫正对象关系比较好的二哥和弟弟入手，争取支持。美中不足的是社会工作者没有从家庭治疗的视角进行全面的家庭介入，如果能在获得一定的小范围支持的基础上，用家庭治疗的视角来继续跟进服务对象的家庭系统，可能会有更好的效果。但在有限的时间内，能得到部分家庭成员的接纳已经不容易了。

在整合社区资源和重建生活系统的过程中，社会工作者协调解决了矫正对象的居住问题、社保问题以及临时性的工作等问题。这些对服务对象来说非常重要，但这些问题的解决又是相对孤立的，没有形成体系。如果能将这些整合起来，将社区资源的调动和邻居的非正式支持结合起来，同时让其主动参与到各个环节中，可能会更好地调动服务对象的积极性。另外，在重建社会支持系统的过程中，忽视了在案例计划阶段的目标中提到的让服务对象“远离原来的朋友圈子”这个目标，这个在重建支持系统过程中很重要，需要服务对象重建新的支持，远离旧的圈子，这样才能重建健康的社会支持系统。而在社区支持的层面，如果时间和其他资源允许，最好能够协助社区设计一些社区层面的活动，帮助矫正服务对象融入社区，减轻其社会排斥。

在对服务对象自我系统的介入上，优势视角的运用非常有效。对一生经历各种坎坷的服务对象而言，特别需要优势视角的服务介入帮助其看到生活中美好的一面和积极的自我。社会工作者很好地把握住了这一点，而且在这个过程中不断澄清其不合理的价值观，努力激发其矫正动力。当然这也换回了部分亲人的谅解，对矫正服务对象来说这是其进一步改变自己的重要动力来源。这个环节有些遗憾的地方是，没有针对预估阶段心理测评中出现的焦虑、抑郁以及失眠等症状进行有针对性的介入，但在接下来的生命教育则有效地深化了矫正服务对象的生命体验，对其价值观的改善也起到了很好的激发作用。

评估阶段很好地回应了服务计划阶段的各个问题，能看到服务对象自身以及相关各个系统的改变，尤其是对服务对象矫正动力的激发，会为其后续矫正工作提供很大的帮助。但这些评估主要是对之前所定目标的实现程度进行结果评估。如能在评估阶段对服务过程也进行过程评估，评估服务过程中的工作方法是否合理，工作计划是否得到有效的执行，阶段目标是否实现等，会让评估更加全面。

在矫正社会工作实务中，往往会面临很多棘手的问题，服务对象生活的各个层面以及其自身都会有许多问题需要处理，而本案例运用生态系统理论的视角展开综合的服务，有效地帮助矫正服务对象化解各种困难，逐步走向正轨，回归社会，这正是矫正社会工作服务的价值所在。

附　录

社区矫正实施办法

第一条　为依法规范实施社区矫正，将社区矫正人员改造成为守法公民，根据《中华人民共和国刑法》《中华人民共和国刑事诉讼法》等有关法律规定，结合社区矫正工作实际，制定本办法。

第二条　司法行政机关负责指导管理、组织实施社区矫正工作。

人民法院对符合社区矫正适用条件的被告人、罪犯依法作出判决、裁定或者决定。

人民检察院对社区矫正各执法环节依法实行法律监督。

公安机关对违反治安管理规定和重新犯罪的社区矫正人员及时依法处理。

第三条　县级司法行政机关社区矫正机构对社区矫正人员进行监督管理和教育帮助。司法所承担社区矫正日常工作。

社会工作者和志愿者在社区矫正机构的组织指导下参与社区矫正工作。

有关部门、村（居）民委员会、社区矫正人员所在单位、就读学校、家庭成员或者监护人、保证人等协助社区矫正机构进行社区矫正。

第四条　人民法院、人民检察院、公安机关、监狱对拟适用社区矫正的被告人、罪犯，需要调查其对所居住社区影响的，可以委托县级司法行政机关进行调查评估。

受委托的司法行政机关应当根据委托机关的要求，对被告人或者罪犯的居所情况、家庭和社会关系、一贯表现、犯罪行为的后果和影响、居住地村（居）民委员会和被害人意见、拟禁止的事项等进行调查了解，形成评估意见，及时提交委托机关。

第五条 对于适用社区矫正的罪犯，人民法院、公安机关、监狱应当核实其居住地，在向其宣判时或者在其离开监所之前，书面告知其到居住地县级司法行政机关报到的时间期限以及逾期报到的后果，并通知居住地县级司法行政机关；在判决、裁定生效起三个工作日内，送达判决书、裁定书、决定书、执行通知书、假释证明书副本等法律文书，同时抄送其居住地县级人民检察院和公安机关。县级司法行政机关收到法律文书后，应当在三个工作日内送达回执。

第六条 社区矫正人员应当自人民法院判决、裁定生效之日或者离开监所之日起十日内到居住地县级司法行政机关报到。县级司法行政机关应当及时为其办理登记接收手续，并告知其三日内到指定的司法所接受社区矫正。发现社区矫正人员未按规定时间报到的，县级司法行政机关应当及时组织查找，并通报决定机关。

暂予监外执行的社区矫正人员，由交付执行的监狱、看守所将其押送至居住地，与县级司法行政机关办理交接手续。罪犯服刑地与居住地不在同一省、自治区、直辖市，需要回居住地暂予监外执行的，服刑地的省级监狱管理机关、公安机关监所管理部门应当书面通知罪犯居住地的同级监狱管理机关、公安机关监所管理部门，指定一所监狱、看守所接收罪犯档案，负责办理罪犯收监、释放等手续。人民法院决定暂予监外执行的，应当通知其居住地县级司法行政机关派员到庭办理交接手续。

第七条 司法所接收社区矫正人员后，应当及时向社区矫正人员宣告判决书、裁定书、决定书、执行通知书等有关法律文书的主要内容；社区矫正期限；社区矫正人员应当遵守的规定、被禁止的事项以及违反规定的法律后果；社区矫正人员依法享有的权利和被限制行使的权利；矫正小组人员组成及职责等有关事项。

宣告由司法所工作人员主持，矫正小组成员及其他相关人员到场，按照规定程序进行。

第八条 司法所应当为社区矫正人员确定专门的矫正小组。矫正小组由司法所工作人员担任组长，由本办法第三条第二、第三款所列相关人员组成。社区矫正人员为女性的，矫正小组应当有女性成员。

司法所应当与矫正小组签订矫正责任书，根据小组成员所在单位和身份，明确各自的责任和义务，确保各项矫正措施落实。

第九条 司法所应当为社区矫正人员制订矫正方案，在对社区矫正人员被判处的刑罚种类、犯罪情况、悔罪表现、个性特征和生活环境等情况进行综合评估的基础上，制定有针对性的监管、教育和帮助措施。根据矫正方案的实施效果，适时予以调整。

第十条 县级司法行政机关应当为社区矫正人员建立社区矫正执行档案，包括适用社区矫正的法律文书，以及接收、监管审批、处罚、收监执行、解除矫正等有关社区矫正执行活动的法律文书。

司法所应当建立社区矫正工作档案，包括司法所和矫正小组进行社区矫正的工作记录，社区矫正人员接受社区矫正的相关材料等。同时留存社区矫正执行档案副本。

第十一条 社区矫正人员应当定期向司法所报告遵纪守法、接受监督管理、参加教育学习、社区服务和社会活动的情况。发生居所变化、工作变动、家庭重大变故以及接触对其矫正产生不利影响人员的，社区矫正人员应当及时报告。

保外就医的社区矫正人员还应当每个月向司法所报告本人身体情况，每三个月向司法所提交病情复查情况。

第十二条 对于人民法院禁止令确定需经批准才能进入的特定区域或者场所，社区矫正人员确需进入的，应当经县级司法行政机关批准，并告知人民检察院。

第十三条 社区矫正人员未经批准不得离开所居住的市、县（旗）。

社区矫正人员因就医、家庭重大变故等原因，确需离开所居住的市、县（旗），在七日以内的，应当报经司法所批准；超过七日的，应当由司法所签署意见后报经县级司法行政机关批准。返回居住地时，应当立即向司法所报告。社区矫正人员离开所居住市、县（旗）不得超过一个月。

第十四条 社区矫正人员未经批准不得变更居住的县（市、区、旗）。

社区矫正人员因居所变化确需变更居住地的，应当提前一个月提出书面申请，由司法所签署意见后报经县级司法行政机关审批。县级司法行政机关在征求社区矫正人员新居住地县级司法行政机关的意见后作出决定。

经批准变更居住地的，县级司法行政机关应当自作出决定之日起三个工作日内，将有关法律文书和矫正档案移交新居住地县级司法行政机关。有关法律文书应当抄送现居住地及新居住地县级人民检察院和公安机关。社区矫正人员应当自收到决定之日起七日内到新居住地县级司法行政机关报到。

第十五条 社区矫正人员应当参加公共道德、法律常识、时事政策等教育学习活动，增强法制观念、道德素质和悔罪自新意识。社区矫正人员每月参加教育学习时间不少于八小时。

第十六条 有劳动能力的社区矫正人员应当参加社区服务，修复社会关系，培养社会责任感、集体观念和纪律意识。社区矫正人员每月参加社区服务时间不少于八小时。

第十七条 根据社区矫正人员的心理状态、行为特点等具体情况，应当采取有针对性的措施进行个别教育和心理辅导，矫正其违法犯罪心理，提高其适应社会能力。

第十八条 司法行政机关应当根据社区矫正人员的需要，协调有关部门和单位开展职业培训和就业指导，帮助落实社会保障措施。

第十九条 司法所应当根据社区矫正人员个人生活、工作及所处社区的实际情况，有针对性地采取实地检查、通讯联络、信息化核查等措施及时掌握社区矫正人员的活动情况。重点时段、重大活动期间或者遇有特殊情况，司法所应当及时了解掌握社区矫正人员的有关情况，可以根据需要要求社区矫正人员到办公场所报告、说明情况。

社区矫正人员脱离监管的，司法所应当及时报告县级司法行政机关组织追查。

第二十条 司法所应当定期到社区矫正人员的家庭、所在单位、就读学校和居住的社区了解、核实社区矫正人员的思想动态和现实表现等情况。

对保外就医的社区矫正人员，司法所应当定期与其治疗医院沟通联系，及时掌握其身体状况及疾病治疗、复查结果等情况，并根据需要向批准、决定机关或者有关监狱、看守所反馈情况。

第二十一条 司法所应当及时记录社区矫正人员接受监督管理、参加教育学习和社区服务等情况，定期对其接受矫正的表现进行考核，并根据考核结果，对社区矫正人员实施分类管理。

第二十二条 发现社区矫正人员有违反监督管理规定或者人民法院禁止令情形的，司法行政机关应当及时派员调查核实情况，收集有关证明材料，提出处理意见。

第二十三条 社区矫正人员有下列情形之一的，县级司法行政机关应当给予警告，并出具书面决定：

（一）未按规定时间报到的；

（二）违反关于报告、会客、外出、居住地变更规定的；

（三）不按规定参加教育学习、社区服务等活动，经教育仍不改正的；

（四）保外就医的社区矫正人员无正当理由不按时提交病情复查情况，或者未经批准进行就医以外的社会活动且经教育仍不改正的；

（五）违反人民法院禁止令，情节轻微的；

（六）其他违反监督管理规定的。

第二十四条 社区矫正人员违反监督管理规定或者人民法院禁止令，依法应予治安管理处罚的，县级司法行政机关应当及时提请同级公安机关依法给予处罚。公安机关应当将处理结果通知县级司法行政机关。

第二十五条 缓刑、假释的社区矫正人员有下列情形之一的，由居住地同级司法行政机关向原裁判人民法院提出撤销缓刑、假释建议书并附相关证明材料，人民法院应当自收到之日起一个月内依法作出裁定：

（一）违反人民法院禁止令，情节严重的；

（二）未按规定时间报到或者接受社区矫正期间脱离监管，超过一个月的；

（三）因违反监督管理规定受到治安管理处罚，仍不改正的；

（四）受到司法行政机关三次警告仍不改正的；

（五）其他违反有关法律、行政法规和监督管理规定，情节严重的。

司法行政机关撤销缓刑、假释的建议书和人民法院的裁定书同时抄送社区矫正人员居住地同级人民检察院和公安机关。

第二十六条 暂予监外执行的社区矫正人员有下列情形之一的，由居住地县级司法行政机关向批准、决定机关提出收监执行的建议书并附相关证明材料，批准、决定机关应当自收到之日起十五日内依法作出决定：

（一）发现不符合暂予监外执行条件的；

（二）未经司法行政机关批准擅自离开居住的市、县（旗），经警告拒不改正，或者拒不报告行踪，脱离监管的；

（三）因违反监督管理规定受到治安管理处罚，仍不改正的；

（四）受到司法行政机关两次警告，仍不改正的；

（五）保外就医期间不按规定提交病情复查情况，经警告拒不改正的；

（六）暂予监外执行的情形消失后，刑期未满的；

（七）保证人丧失保证条件或者因不履行义务被取消保证人资格，又不能在规定期限内提出新的保证人的；

（八）其他违反有关法律、行政法规和监督管理规定，情节严重的。

司法行政机关的收监执行建议书和决定机关的决定书，应当同时抄送社区矫正人员居住地同级人民检察院和公安机关。

第二十七条 人民法院裁定撤销缓刑、假释或者对暂予监外执行罪犯决定收监执行的，居住地县级司法行政机关应当及时将罪犯送交监狱或者看守所，公安机关予以协助。

监狱管理机关对暂予监外执行罪犯决定收监执行的，监狱应当立即赴羁押地将罪犯收监执行。

公安机关对暂予监外执行罪犯决定收监执行的，由罪犯居住地看守所将罪犯收监执行。

第二十八条 社区矫正人员符合法定减刑条件的，由居住地县级司法行政机关提出减刑建议书并附相关证明材料，经地（市）级司法行政机关审核同意后提请社区矫正人员居住地的中级人民法院裁定。人民法院应当自收到之日起一个月内依法裁定；暂予监外执行罪犯的减刑，案情复杂或者情况特殊的，可以延长一个月。司法行政机关减刑建议书和人民法院减刑裁定书副本，应当同时抄送社区矫正人员居住地同级人民检察院和公安机关。

第二十九条 社区矫正期满前，社区矫正人员应当作出个人总结，司法所应当根据其在接受社区矫正期间的表现、考核结果、社区意见等情况作出书面鉴定，并对其安置帮教提出建议。

第三十条 社区矫正人员矫正期满，司法所应当组织解除社区矫正宣告。宣告由司法所工作人员主持，按照规定程序公开进行。

司法所应当针对社区矫正人员不同情况，通知有关部门、村（居）民委员会、群众代表、社区矫正人员所在单位、社区矫正人员的家庭成员或者监护人、保证人参加宣告。

宣告事项应当包括：宣读对社区矫正人员的鉴定意见；宣布社区矫正期限届满，依法解除社区矫正；对判处管制的，宣布执行期满，解除管制；对宣告缓刑的，宣布缓刑考验期满，原判刑罚不再执行；对裁定假释的，宣布考验期满，原判刑罚执行完毕。

县级司法行政机关应当向社区矫正人员发放解除社区矫正证明书，并书面通知决定机关，同时抄送县级人民检察院和公安机关。

暂予监外执行的社区矫正人员刑期届满的，由监狱、看守所依法为其办理刑满释放手续。

第三十一条 社区矫正人员死亡、被决定收监执行或者被判处监禁刑罚的，社区矫正终止。

社区矫正人员在社区矫正期间死亡的，县级司法行政机关应当及时书面通知批准、决定机关，并通报县级人民检察院。

第三十二条 对于被判处剥夺政治权利在社会上服刑的罪犯，司法行政机关配合公安机关，监督其遵守刑法第五十四条的规定，并及时掌握有关信息。被剥夺政治权利的罪犯可以自愿参加司法行政机关组织的心理辅导、职业培训和就业指导活动。

第三十三条 对未成年人实施社区矫正，应当遵循教育、感化、挽救的方针，按照下列规定执行：

（一）对未成年人的社区矫正应当与成年人分开进行；

（二）对未成年社区矫正人员给予身份保护，其矫正宣告不公开进行，其矫正档案应当保密；

（三）未成年社区矫正人员的矫正小组应当有熟悉青少年成长特点的人员参加；

（四）针对未成年人的年龄、心理特点和身心发育需要等特殊情况，采取有益于其身心健康发展的监督管理措施；

（五）采用易为未成年人接受的方式，开展思想、法制、道德教育和心理辅导；

（六）协调有关部门为未成年社区矫正人员就学、就业等提供帮助；

（七）督促未成年社区矫正人员的监护人履行监护职责，承担抚养、管教等义务；

（八）采取其他有利于未成年社区矫正人员改过自新、融入正常社会生活的必要措施。

犯罪的时候不满十八周岁被判处五年有期徒刑以下刑罚的社区矫正人员，适用前款规定。

第三十四条 社区矫正人员社区矫正期满的，司法所应当告知其安置帮教有关规定，与安置帮教工作部门妥善做好交接，并转交有关材料。

第三十五条 司法行政机关应当建立例会、通报、业务培训、信息报送、统计、档案管理以及执法考评、执法公开、监督检查等制度，保障社区矫正工作规范运行。

司法行政机关应当建立突发事件处置机制，发现社区矫正人员非正常死亡、实施犯罪、参与群体性事件的，应当立即与公安机关等有关部门协调联动、妥善处置，并将有关情况及时报告上级司法行政机关和有关部门。

司法行政机关和公安机关、人民检察院、人民法院建立社区矫正人员的信息交换平台，实现社区矫正工作动态数据共享。

第三十六条 社区矫正人员的人身安全、合法财产和辩护、申诉、控告、检举以及其他未被依法剥夺或者限制的权利不受侵犯。社区矫正人员在就学、就业和享受社会保障等方面，不受歧视。

司法工作人员应当认真听取和妥善处理社区矫正人员反映的问题，依法维护其合法权益。

第三十七条 人民检察院发现社区矫正执法活动违反法律和本办法规定的，可以区别情况提出口头纠正意见、制发纠正违法通知书或者检察建议书。交付执行机关和执行机关应当及时纠正、整改，并将有关情况告知人民检察院。

第三十八条　在实施社区矫正过程中，司法工作人员有玩忽职守、徇私舞弊、滥用职权等违法违纪行为的，依法给予相应处分；构成犯罪的，依法追究刑事责任。

第三十九条　各级人民法院、人民检察院、公安机关、司法行政机关应当切实加强对社区矫正工作的组织领导，健全工作机制，明确工作机构，配备工作人员，落实工作经费，保障社区矫正工作的顺利开展。

第四十条　本办法自 2012 年 3 月 1 日起施行。最高人民法院、最高人民检察院、公安部、司法部之前发布的有关社区矫正的规定与本办法不一致的，以本办法为准。

司法部、中央综治办、教育部、民政部、财政部、人力资源和社会保障部关于组织社会力量参与社区矫正工作的意见

（司发〔2014〕14号）

各省、自治区、直辖市司法厅（局）、综治办、教育厅（教委）、民政厅（局）、财政厅（局）、人力资源和社会保障厅（局），新疆生产建设兵团司法局、综治办、教育局、民政局、财务局、人力资源和社会保障局：

社区矫正是我国的一项重要法律制度，是将管制、缓刑、假释、暂予监外执行的罪犯置于社区内，由专门的国家机关在相关人民团体、社会组织和社会志愿者的协助下，在判决、裁定或决定确定的期限内，矫正其犯罪心理和行为恶习，促进其顺利回归社会的刑罚执行活动。社区矫正是深化司法体制改革和社会体制改革的重要内容，是法治中国建设的重要方面，社会力量的参与则是健全社区矫正制度、落实社区矫正任务的内在要求。为认真贯彻党的十八届三中全会关于健全社区矫正制度的要求，根据中央领导同志的指示和社区矫正工作全面推进的实际，现就组织社会力量参与社区矫正工作提出如下意见。

一、充分认识社会力量参与社区矫正工作的重要性

我国的社区矫正从2003年起经过试点、扩大试点、全面试行两个

阶段，目前已进入全面推进阶段。社区矫正把符合法定条件的罪犯放在社会上监督管理和教育改造，社会力量广泛参与是其显著特征。在工作力量上，既要有专职执法队伍，也要广泛动员社会工作者、志愿者以及社会组织、所在单位学校、家庭成员等各种社会力量，共同做好社区矫正工作；在工作方法上，需要充分发挥专业组织、专业人员的作用，综合运用社会学、心理学、教育学、法学、社会工作等专业知识，实现科学矫正；在工作体系和工作机制上，需要依托村（居）民委员会，依靠基层组织，充分发挥各有关部门的职能作用，落实相关政策和措施，为社区服刑人员顺利回归社会创造条件。社区矫正工作开展以来，各地始终坚持紧紧依靠基层组织，广泛发动人民群众参与社区矫正工作，从实际出发，积极研究探索采取政府购买服务的方式，充实社区矫正机构工作人员，发展壮大社会工作者、志愿者队伍，专群结合开展社区矫正工作，取得了良好效果。目前全国从事社区矫正工作的社会工作者7.9万人，社会志愿者64.2万人。我国社会力量参与社区矫正工作取得了明显成效，但还存在着制度不健全、政策不完善、规模范围小、人员力量不足等问题，与社区矫正工作全面推进的要求相比尚不适应。新形势下，进一步鼓励引导社会力量参与社区矫正，是完善我国非监禁刑罚执行制度，健全社区矫正制度的客观需要；是提高教育矫正质量，促进社区服刑人员更好地融入社会的客观需要；是创新特殊人群管理服务，充分发挥社会主义制度优越性，预防和减少重新犯罪，维护社会和谐稳定的客观需要。我们要切实增强责任感和紧迫感，从政策制度上研究采取措施，充分发挥社会力量参与社区矫正工作的积极作用。

二、进一步鼓励引导社会力量参与社区矫正工作

（一）引导政府向社会力量购买社区矫正社会工作服务。司法行政部门、民政部门可根据职责分工，按照有利于转变政府职能、有利于降低服务成本、有利于提升服务质量和资金效益的原则，公开择优

向社会力量购买社区矫正社会工作服务。要明确购买服务的数量、质量要求以及服务期限、资金支付方式、违约责任等，加强购买服务资金管理，指导督促服务承接机构履行合同义务，保证服务数量、质量和效果。

（二）鼓励引导社会组织参与社区矫正工作。鼓励社区矫正机构将疏导心理情绪、纠正行为偏差、修复与家庭和社区关系、恢复和发展社会功能、引导就学就业等项目，通过多种方式向具有社区矫正服务能力的社会组织购买服务。提供社区矫正服务的社会组织符合规定条件的可以享受相应的税收优惠政策。要引导其完善内部治理结构，加强服务队伍建设，提升在社区矫正领域提供社会工作专业服务的水平。鼓励热心于社区矫正事业的社会组织参与社区矫正工作，为社区服刑人员提供社会工作专业服务。司法行政部门通过建立完善社会组织参与社区矫正工作的机制和渠道，及时提供需求信息，为社会组织参与社区矫正创造条件、提供便利。

（三）发挥基层群众性自治组织的作用。村（居）民委员会是协助开展社区矫正工作的重要力量。村（居）民委员会应发挥其贴近社区服刑人员日常工作、生活的优势，及时掌握社区服刑人员的思想动向和行为表现，积极协助社区矫正机构做好社区服刑人员的困难帮扶、社区服务等工作，及时向社区矫正机构反映社区服刑人员情况，发动引导社区社会组织、志愿者和居民群众广泛参与社区矫正工作，扩大交往融合，促进社区服刑人员融入社区、回归社会。要按照“权随责走、费随事转”的要求，为村（居）民委员会落实协助开展社区矫正工作的经费。各级民政部门要将社区矫正工作纳入社区服务体系建设规划，加强城乡社区综合服务设施建设和社区公共服务综合信息平台建设，指导村（居）民委员会协助、参与社区矫正工作。

（四）鼓励企事业单位参与社区矫正工作。积极动员企事业单位参与社区矫正工作，通过捐赠物资、提供工作岗位、提供技能培训、提供专业服务等方式，为社区服刑人员回归社会提供帮助。录用符合条件社区服刑人员的企业按规定享受国家普惠政策。

（五）切实加强社区矫正志愿者队伍建设。社区矫正志愿者是热心社区矫正工作，自愿无偿协助对社区服刑人员开展法制教育、心理辅导、社会认知教育、技能培训等工作的人员。要广泛宣传、普及社区矫正志愿服务理念，切实发挥志愿者在社区矫正工作中的作用，建立社会工作者引领志愿者开展服务机制，扎实推进社区矫正志愿者注册和志愿服务记录工作，有计划、分层次、多形式地开展知识与技能培训，提升社区矫正志愿者服务的专业化水平，着力培育有一定专业特长、参与面广、服务功能强、作用发挥好的社区矫正志愿者队伍。对工作成绩显著的社区矫正志愿者，依国家规定给予表彰，形成有利于志愿者开展工作的良好氛围。鼓励企事业单位、公益慈善组织和公民个人对社区矫正志愿服务活动进行资助，形成多渠道、多元化的筹资机制。

（六）进一步加强矫正小组建设。矫正小组是组织动员社会力量参与社区矫正工作的重要平台。社区矫正机构按照规定为每一名社区服刑人员建立矫正小组，组织有关部门、村（居）民委员会、社会工作者、志愿者、社区服刑人员所在单位、就读学校、家庭成员或者监护人、保证人以及其他有关人员共同参与，落实社区矫正措施。矫正小组要因案制宜，因人制宜，融法律约束、道德引导、亲情感化为一体，促进社区服刑人员顺利融入社会。

三、做好政府已公开招聘的社区矫正社会工作者的保障工作

对于社区矫正工作试点以来已由政府有关部门公开招聘的社区矫正社会工作者，可依据国家有关规定享受相应的工作待遇，按照社会保险制度规定，按时足额缴纳社会保险费，实现应保尽保，保障其合法权益，并通过政府购买服务方式实行规范管理。鼓励其参加人力资源和社会保障部、民政部组织的全国社会工作者职业水平评价，用人单位可以依据需要对已取得全国社会工作者职业水平证书的人员通过

竞聘上岗聘任相应级别专业技术职务。人力资源和社会保障部门支持民政部门、司法行政部门为其提供公益性和示范性业务培训平台，以实施专业技术人才知识更新工程为契机，进一步加大教育培训力度，完善教育培训政策。工作表现突出的，由主办单位按程序报批进行表彰，人力资源和社会保障部门积极配合做好表彰工作。

四、着力解决社区服刑人员就业就学和社会救助、社会保险等问题

（一）促进就业。人力资源和社会保障部门负责对有需求的社区服刑人员进行职业技能培训，并将其纳入本地职业技能培训总体规划。符合条件的社区服刑人员可以申请享受相关就业扶持政策，接受公共就业服务机构提供的职业指导和职业介绍等服务。

（二）帮助接受教育。对于未完成义务教育的未成年社区服刑人员，司法行政部门应当配合教育部门，协调并督促其法定监护人，帮助其接受义务教育。对于非义务教育阶段有就学意愿的社区服刑人员，地方教育部门应当对其予以鼓励和支持。

（三）做好基本生活救助。民政部门对基本生活暂时出现严重困难、确实需要救助的社区服刑人员依法给予临时救助。将生活困难、符合最低生活保障条件的社区服刑人员家庭依法纳入最低生活保障范围。

（四）落实社会保险。已参加企业职工基本养老保险并实现再就业或已参加城乡居民基本养老保险的，按规定继续参保缴费，达到法定退休年龄或养老保险待遇领取年龄的，可按规定领取相应基本养老金，但服刑期间不参与基本养老金调整。社区服刑人员可按规定执行基本医疗保险等有关医疗保障政策，享受相应待遇。符合申领失业保险金条件的社区服刑人员，可按规定享受失业保险待遇。

五、进一步加强对社会力量参与社区矫正工作的组织领导

各地要把进一步鼓励引导社会力量参与社区矫正提上重要议事日

程，立足实际建立完善社会力量参与社区矫正的政策措施和制度办法。要紧紧依靠党委政府的领导，加强部门之间的沟通协调和衔接配合，做到各负其责、齐抓共管，落实社会力量参与社区矫正工作的各项政策措施。要将政府购买服务参与社区矫正工作的资金列入地方财政预算。各级综治组织要按照中央要求，进一步组织社会力量，整合各方资源，积极参与社区矫正工作。司法行政部门要充分发挥职能作用，主动协调各有关部门完善政策，健全制度，引导社会力量更多地投入社区矫正工作。要总结推广社会力量参与社区矫正的成功经验。积极发挥各类新闻媒体作用，加强对社会力量参与社区矫正工作成就的宣传，按照国家有关规定表彰社会力量参与社区矫正工作中涌现出来的先进事迹和先进典型，为全面推进社区矫正工作，维护社会和谐稳定作出积极贡献。

司法部　中央综治办　教育部

民政部　财政部　人力资源和社会保障部

2014 年 11 月 14 日